타로카드가 처음인 사람을 위한

Simple tarot
you don't have to memorize

암기할 필요 없는 타로

미미코 지음
김수정 옮김

한스미디어

외우지 않아야 제대로 읽고 해석할 수 있다!

여러분, 안녕하세요! 점술가 미미코(彌彌告/MiMiKO)입니다. 제가 일본 다이칸야마에 점술 살롱을 오픈한 지 벌써 11년이 되었습니다.

점술은 보통 타로, 서양 점성술, 오라클 카드, 풍수를 활용하는데, 저는 이 가운데 주로 타로를 활용해 점을 보고 있습니다.

타로 점은 '타로(tarot)'라고 불리는 카드를 사용합니다. 타로카드는 모두 78장이고, '메이저 아르카나'라고 불리는 22장과 '마이너 아르카나'라고 불리는 56장의 카드로 나뉩니다.

이 중에서 우연히 나온 카드의 의미를 읽고 해석해서,

'그 사람에게 고백해도 잘 될까?'라든지
'이 회사로 옮겨도 괜찮을까?' 같은,

다양한 질문에 대한 답을 끌어냅니다.

이 책을 쓰면서 곰곰이 생각해 보니, 지금까지 제가 1만 건 이상의 점을 타로로 보았더군요. 아마도 **타로가 모든 상황에 대응할 수 있는, 매우 범용성 높은 점술이기 때문이 아닐까 싶네요.** 게다가 타로는 적중률이 꽤 높아서 점을 보는 저조차도 깜짝 놀랄 정도입니다! 매번 심장이 두근거릴 정도로 결과가 기대되는 흥미진진한 점술이지요.

이렇게 대단한 타로 점이지만,

"타로는 카드가 많아서 외우기가 어려워."
"암기에 약한 나한테는 무리야."
"몇 번이나 배워보려고 도전했는데, 늘 실패했어."

라고 말하는 사람도 있습니다.

이유는 모르지만, 타로 점을 보려면 카드를 통째로 외우지 않으면 안 된다는 인식이 굳어진 것 같아 내내 안타까웠습니다. 그런데 여러분! 잠깐만 생각해 봅시다.

저는 타로카드를 통째로 암기해서 점을 보는 방식에는 금방 한계가 찾아온다고 생각합니다. 연애 패턴이나 일하는 방식이 다양해지고 인간관계도 더 복잡해지는 등 우리를 둘러싼 환경은 시시각각 변화하고 있습니다. 타로 점도 이에 맞춰 유연성이나 번뜩이는 인스피레이션(영감, 靈感)이 더욱 중요해지고 있습니다. 이로 인해 각각의 카드가 가리키는 키워드만 달달 외워서는 점을 보기가 더 어려워질 수밖에 없습니다.

그래서 우리는 '암기할 필요 없는 타로'를 배워야 합니다.

암기해서 외운 내용에 얽매이지 않고, 타로카드가 전하는 '이미지'를 활용해 당신에게 필요한 답을 찾는 방식이 바로 '미미코 스타일'입니다.

이 책에서는 각각의 카드가 갖고 있는 특성이나 개성을 쉽게 이미지로 떠올릴 수 있도록,

타로카드 전체를 하나의 이야기로 엮어 재밌게 읽어가면서, 도표를 통해 한 눈에 쉽게 파악할 수 있게 준비했습니다.

'공부해야 해', '외워야 해' 같은 생각은 잠시 잊고, 흥미 있는 사람이든 흥미 없는 사람이든 누구나 타로의 진정한 재미를 맛보는 계기로 삼는다면 더할 나위 없이 기쁠 것 같습니다.

그러면, 지금부터 여러분을 신나는 타로 점의 세계로 안내하겠습니다.

미미코

1 / 타로 점의 기본

2 / 22장의 스타 이야기

CHAPTER

3 / **마이너 아르카나는
'서로 엮어서' 읽어내자**

CHAPTER 4 / 스스로 점 보기!

타로 점의
기본

'타로 점'이란 무엇인가요?

'타로 점' 하면 어떤 이미지가 떠오르시나요? 아마 대부분 '여러 그림이 그려진 카드를 착착 섞은 다음 펼쳐진 몇 장의 카드에 담긴 의미를 해석해, 앞으로의 미래를 점치는' 점술이라고 생각하실 겁니다. 맞습니다. 거의 생각하신 그대로입니다.

그런데 '타로(Tarot)' 카드는 종류도 많고 각 그림에 다양한 의미가 담겨 있어서인지 "타로 점은 외울 내용이 많아서 어렵다"라고 오해하는 경우가 종종 있습니다.

사실 타로카드 자체는 생각보다 간단하게 구성되어 있습니다. 또한 서양 점성술이나 손금 등의 다른 점술과 비교했을 때, 생년월일 같은 정보나 감정 기술이 따로 필요하지 않아서 카드만 있다면 언제든 누구나 점을 볼 수 있습니다!

타로 점을 진행하는 대표적인 순서는 다음 네 가지가 전부입니다.

'카드를 골고루 섞는다, 세 묶음으로 나눈다, 펼친다, 고른다.'

특별한 기술도, 재능도, 영능력도 필요 없습니다.

특히 미미코 스타일의 타로 점에서는 이 순서에 얽매이지도 않습니다. '원 오라클'이나 '켈트 십자 스프레드' 같은 다양한 방식이 있긴 하지만, 그러한 방식에 얽매이지 않고 떠오르는 느낌 그대로 점을 보는 것이 중요하기 때문입니다.

'타로카드'란 무엇인가요?

타로카드는 총 78장

타로카드를 사려고 보면 종류가 너무 다양해서 어떤 카드를 골라야 좋을지 고민에 빠지기도 하는데요. 이 책에서는 가장 보편적인 '라이더판(版)' 카드를 사용합니다.

카드는 총 78장이며, '메이저 아르카나'와 '마이너 아르카나' 두 종류로 나뉩니다. 아르카나는 라틴어로 '숨겨진 것= 신비'라는 뜻입니다.

라이더판(版) 카드

메이저 아르카나는 신이 내리는 커다란 계시,
마이너 아르카나는 일상의 사소한 일 등을 전해주는 것

이라고 생각하면 됩니다.

타로의 대표 이미지, 메이저 아르카나

총 22장의 카드로 이루어져 있는데, 보통 사람들이 타로 하면 떠올리는 연인, 사신 등이 그려진 카드가 바로 메이저 아르카나입니다. 이처럼 대중적인 카드이기에, 메이저 아르카나만으로 점을 보는 사람도 있습니다. **여러분도 시작할 때는 일단 메이저 아르카나만으로 점을 보는 것을 추천합니다!**

조금 더 깊이 맛보고 싶다면, 마이너 아르카나

트럼프 카드와 비슷한 4가지 속성(슈트)이 있고, 각각의 속성에 1~10에 해당하는 숫자(핍) 카드와 궁정(코트) 카드라 불리는 4장의 카드가 있습니다. 이렇게 **총 56장으로 구성됩니다.**

정방향과 역방향에 따라 달라지는 의미

타로 점에서는 그림의 방향에 대한 정의가 있습니다. 카드를 뽑았을 때, 점을 보는 사람을 기준으로 그림이 바로 보이면 정방향, 그 반대로 보이면 역방향이라고 합니다. 일반적으로 역방향은 뽑힌 카드가 원래 지니는 의미의 반대를 가리킵니다. 이처럼 방향에 따라 의미가 전혀 달라지기도 하는 것이 타로카드의 특징입니다(카드의 종류에 따라 이 정의가 적용되지 않기도 합니다).

타로로 어떤 것을 알 수 있나요?

타로를 통해 일상의 사소한 고민이나 걱정부터 연애, 학업, 비즈니스까지 폭넓게 점칠 수 있습니다. 그뿐만 아니라 정치계는 물론 데이터를 중시하는 금융업계에서도 타로 점은 매우 인기가 좋지요.

연애에 있어서는 사랑하는 상대의 마음이나 좋아하는 사람에게 연락할 타이밍 등을 물을 수도 있고, 연인과의 관계가 잘 이어지지 않는 이유나 상대가 바람피우고 있지 않은지 등 여러 방면에 대한 답을 구할 수 있습니다.

비즈니스에서는 승부가 결정되는 순간, 개업 시기, 거래처와의 궁합부터 후배 교육 방식까지 '이런 부분까지 알 수 있다고?' 하고 놀랄 만큼 일상적인 부분에 한정되지 않는 중대한 상황까지 타로 점으로 확인할 수 있습니다. **점을 볼 때 질문하기 나름이기에, 점치는 내용에 제한은 없습니다.**

다만, 타로에서는 '수명에 관한 질문'이나 '같은 질문을 여러 번 반복해서 묻는 것'은 금기시하므로 유의하시기 바랍니다. 같은 질문은 하루에 한 번까지만 합시다.

타로 점은 왜 잘 맞을까요?

타로 점은 정말 잘 맞습니다.
'머리말'에도 썼듯이 저조차도 놀랄 정도의 적중률을 보여줍니다.

그렇다면, 타로카드가 끌어낸 답(결과)은 대체 어디에서 오는 것일까요?
조금 어려운 이야기를 해 보자면, 저는 '무의식의 행위로부터 시작되어 이어진 잠재의식으로의 접속'이 크게 연관되어 있다고 생각합니다.

여러분은 프로 운동선수 등이 흔히 말하는 '존(zone)에 들어간다'라는 표현을 들어본 적이 있으신가요? 존이란 감각이 예민해지고 집중력이 극한까지 끌어올려져 다른 사람의 동작이 느린 동작으로 보이거나 돌파구의 궤도가 쉽게 파악되는 상태로, 이러한 상태에 몰입하는 것을 '존에 들어간다'라고 합니다.
그리고 이 존에 쉽게 들어가기 위해서는 '루틴을 만드는 것'이 중요하다고 합니다.

프로 운동선수는 징크스나 경기에 임하기 전의 버릇 같은 것이 있습니다. 그들이 늘 무의식적으로 하는 행동이 자신도 모르는 사이에 존에 들어가는 데 도움을 주고 있다고 봅니다.

타로도 루틴이 중요

타로 점에도 이 '**루틴**'이 있습니다.
바로 카드를 섞고, 3개의 묶음으로 나누고, 펼치고, 고르는
이러한 동작들은 타로 점을 볼 때마다 반드시 수행됩니다.
이쯤에서 카드 섞기는 그만하자. 이쯤에서 나눠볼까. 이쯤에서 카드를 골라
볼까.
의식하지 않고 하는 것처럼 보이지만 '이쯤에서'라는 건 대체 무엇일까요?

사실 이 '무의식의 행위'는 루틴에 의해 존에 들어가는 상태와 같습니다. 의
식하지 않은 상황에서 초집중 상태가 됨으로써 자기 안에 숨겨진 잠재의식에
접촉하고, 그 잠재의식을 통해 이어지는 미래의 우주로부터 '이쯤에 답이 있어'
라고 전달받는 것이지요.

이것이 제가 타로 점에서 방식에 얽매이지 않는 이유입니다. 자신에게 느낌이
오는 방법을 발견하고, 그것을 반복하는 과정에서 타로 점을 보는 동작이 루틴
이 되고, 그렇게 의식하지 않고도 초집중 상태에 들어갈 수 있다고 저는 생각합
니다. 기존 방식을 고수할 필요는 없습니다. **당신의 방식대로 해도 좋습니다.**

'그러면 그냥 아무 카드나 고르는 거 아닌가요?'라고 생각할지도 모르겠네
요. 하지만 당신이 몸에 익힌 루틴은 사실 장대한 우주 어딘가로부터 답을 찾
는 행위와 이어져 있습니다.
뽑은 카드는 당신의 메신저입니다.
질문에 대한 답을 당당히 전해주기 때문입니다.

타로카드는 순간적으로 떠오르는 인스피레이션이 90%

그러면, 실제 카드의 메시지가 어떻게 전달되는지 과거의 상담을 바탕으로 실제 사례를 살펴볼까요?

어느 날, 이사 문제로 고민하던 고객으로부터 "지금 검토하고 있는 매물이 좋은 매물일까요?"라는 질문이 날아들었습니다.

점의 결과로 정방향의 '마법사' 카드가 나왔습니다. 이 카드는 새로운 출발이나 새로운 도전에 최적인 카드이므로 그 매물이 적합하다는 뜻입니다. 그런데 카드를 뒤집는 순간, 왠지 마법사의 왼손이 크게 확대된 것처럼 눈에 들어왔습니다. 이런 것이 바로 카드가 보내는 사인입니다.

마법사가 왼손가락으로 아래를 가리키고 있어서 눈을 감고 이 손가락 끝에 무엇이 있을지 상상해 보았습니다.

그러자 머릿속에 어떤 서류가 떠올랐습니다.

서류가 보였다는 부분부터는 연상 게임입니다. 부동산 상담에서 서류라고 하면 계약서나 약관을 가리킨다고 생각한 저는 "이 매물을 계약하는 건 좋지만, 계약서 등을 한 번 더 확인하는 편이 좋을 것 같다"라고 조언했습니다.

이 고객은 반려견 두 마리를 키우고 있었는데, 반려견 입주가 가능한 매물이었기 때문에 안심하고 있었다고 합니다. 그런데 계약서의 조건을 다시 확인해 보니 반려견은 한 마리까지만 입주가 가능하다고 되어 있었다지요.

입주 전에 협의를 거쳐 문제 상황을 피할 수 있었다고 나중에 소식을 전해 들었습니다.

이러한 실제 리딩 사례를 이야기하면, "그건 미미코 씨니까 떠오른 게 아닐까요?"라고 질문을 받기도 합니다. 인스피레이션에는 확실히 개인차가 있긴 하지요.

다만, **무언가 느끼는 것을 '의식'함으로써 분명히 인스피레이션을 강화할 수 있다**고 저는 확신합니다.

신경 쓰이는 부분이 보일 때까지 카드와 눈싸움을 하거나, 눈을 감고 카드를 이미지화해 보거나, 조금 오컬트적이기는 하지만 카드에 물어보고 확인해 보기도 하면서요.

의식하기 위한 행동을 습관적으로 몇 번이고 반복하다 보면 무언가 **'걸리는' 영상이나 말, 소리, 목소리, 이미지 등이 나오게 됩니다.**

카드의 의미를 몇 개씩 설명해 놓은 책에서도 그중에 어쩐지 정말 마음에 걸리는 의미가 담긴 말이 있는 것처럼 반드시 계기가 등장할 것입니다. 이 계기를 주의 깊게 파고드는 것이 타로 인스피레이션 수련의 첫걸음입니다.

타로카드를 암기하다가
좌절했던 사람도 OK

앞에서 타로카드는 당신의 메신저라고 언급하기도 했는데, 사실 타로카드의 의미는 한 가지가 아닙니다.

여러분 중에 카드가 지닌 의미를 암기하는 데 시간을 쏟았지만 좀처럼 외워지지 않아서 고민했던 분이 있지 않은지요?

반대로 타로카드의 의미를 전부 외웠더라도 오히려 암기한 키워드에 얽매이다 자유로운 발상의 리딩을 할 수 없는 분도 많습니다.

인스피레이션을 활용한 카드 리딩에서 가장 중요한 것은, **카드를 뒤집는 순간에 떠오르는 이미지를 부정하지 않는 것**입니다. 연상 게임과 비슷한 감각이라고 말하면 이해가 쉬울까요?

이를 위해서는 카드의 성격, 그림, 나온 순서, 속성, 배경색, 눈에 띄는 모티브 등 그 순간 눈에 들어온 것을 놓치지 않는 것이 중요합니다.

Chapter 2에서는 카드가 전달하는 메시지를 보다 연상하기 쉬운 이야기로 읽어내기 위한 힌트를 소개합니다.

22장의
스타 이야기

메이저 아르카나 22장의 의미를
'이야기'로 알아보자!

처음에 말씀드렸다시피 이 책의 포인트는 '외우지 않는다'라는 점입니다.

열심히 공부해서 카드의 그림과 위치의 의미를 모두 외우더라도 오히려 그 암기한 내용에 얽매이다 보면 점의 정확도에 한계가 생기기 때문입니다. 이러한 안타까운 상황에 맞닥뜨리기보다는 여러분 자신만의 인스피레이션이나 상상력, 연상력에 방점을 두시기 바랍니다.

다만 말은 이렇게 하지만, 아무것도 없는 상태에서 인스피레이션이나 연상이 생겨날 수는 없습니다.

중요한 점은 22장의 '메이저 아르카나'를 제대로 이해하는 것입니다. 카드를 외울 필요는 없습니다.

메이저 아르카나를 보면서 '이 카드가 의미하는 바는 무엇일까?'라는 질문에 제대로 대처할 수 있다면 타로 점을 볼 수 있습니다.

하지만 '카드에 여러 가지 의미가 담겨 있어서 이해하는 것조차 어려워 보이는데요?'라고 말하는 사람들도 있을 겁니다.

안심하세요! 이 책에서는 **22장의 메이저 아르카나를 하나의 이야기로 엮었습니다.** 주인공과 함께하는 모험을 통해 메이저 아르카나의 세계를 체험해 봅시다!

바보(FOOL)의 모험 이야기로 보면 타로를 이해할 수 있다

타로카드의 메이저 아르카나는 삶을 관통하는 장대한 이야기입니다.

이 이야기의 주인공은 카드 위쪽에 0이라고 쓰인 '바보(THE FOOL)'입니다. 혈혈단신으로 이 세상의 진리를 밝혀가고자 결심한, 무모한 젊은이입니다. 아무것도 모른다는 것은 결코 '어리석은 것'이 아닙니다. 하지만 자신이 무지한지조차 모른다면 어리석음의 길로 빠질 수 있습니다.

순진무구한 그는 당신을 비추는 거울이기도 합니다. 살아가는 동안 다양한 사람과 만나, 여러 경험을 하고, 커다란 성장을 이룰 것입니다.

이 모험이 끝날 때쯤 당신은 메이저 아르카나의 각 카드와 친해져 있을 것입니다.

The Fool 0 바보

나는 어떤 사람이 되려나?
자, 모험을 떠나볼까!

사명을 가지고 태어났다?
이 이야기의 주인공은 가능성 덩어리

이야기 혈혈단신으로 이 세상의 진리를 밝히겠다고 결심한, 세상 물정 모르는 때묻지 않은 젊은이가 있습니다. 순진무구하고, 앞만 보고 가는 바보. 기성관념이나 규칙에 얽매이지 않은 채, 모든 가능성을 품은 그는 앞으로 여러 사람과 만나며 다양한 경험을 하게 될 것입니다. 앞으로 어떤 일이 벌어질지 한 치 앞도 모르지만, 모험의 여정에 도사리고 있는 고난이나 위험의 경고는 무시하고 이제 장대한 여행을 시작합니다!

카 드 가 품 은 이 야 기

빨간 깃털은 불사조 피닉스의 깃털로 환생의 상징. 어쩌면 바보는 어디선가 다시 태어난 존재일지도?

작은 짐은 과거에 쌓은 지식의 정도(양)를 보여줍니다.

하얀 장미는 순진무구함의 증표.

노란색 배경은 태양의 힘. 음양이 뚜렷하거나, 혹은 근심 걱정 없는 상태를 나타냅니다.

푸른 산은 삶의 목적(청사진), 혹은 신의 영역을 뜻합니다. 바보는 어떤 사명을 가지고 천계에서 태어난 것 같습니다.

미미코's point

절벽 위에 서 있는 바보. 그의 발치에서 하얀 개가 '위험해!'라며 그를 멈춰 세우는 것인지, 아니면 쫓아가고 있는지는 알 수 없지만, 바보는 그저 위만 보고 있어서 한 걸음만 내디디면 추락이 기다리고 있다는 사실을 눈치채지 못한 모습입니다. 말 그대로, 어리석은 사람이네요. 하지만 이 카드에는 보이는 것이 전부가 아니라 더 깊은 의미가 담겨 있습니다! 위험한지 아닌지는 가보지 않으면 모르는 법, 그러니 일단 전진한다. 바로 이렇게 에너지가 생겨나는 순간을 가리킵니다.

정방향의 키워드	역방향의 키워드
무의식 / 자유 / 직감 / 대담 / 무한한 가능성 / 출발 / 솔직함 / 젊음 / 여행자 / 경계 없음	비상식 / 무책임 / 방랑벽 / 무지함 / 내키는 대로 / 병적인 바람기 / 무계획 / 무모한 도전 / 기초체력 부족

젊고 잘생긴 창조자!
창조를 관장하는 우주의 연금술사

이야기 바보가 맨 처음 만난 사람은 창조를 관장하는 젊은 마법사입니다. '무'에서 '유'를 만들어 내는 창조자를 만난 바보는 창조하는 힘을 배웁니다. 한편, 바보의 인생 여행이 착실히 시작되었다는 것을 의미합니다.

카 드 가 품 은 이 야 기

하늘을 향한 지휘봉은 남성성을 상징. 22번째 '세계' 카드에 있는 지휘봉 중 하나를 바보가 다시 태어났을 때 가져와서 마법사에게 전해주었다고도 하네요.

머리 위 무한대 표식과 허리에 두른 꼬리를 문 뱀(우로보로스)은 모두 영원을 상징합니다.

책상 위의 도구는 모든 원소를 아우르는 상징입니다.

붉은 상의(최고 권력자의 색)와 그 아래 하얀 의복은 마법사가 앞으로 어떤 사람이든 될 수 있음을 보여줍니다.

하얀 백합은 순결, 붉은 장미는 열정을 의미합니다.

노란색 배경은 태양의 힘. 근심 걱정 없는 상태를 나타냅니다.

THE MAGICIAN.

미미코's point

당당하게 오른손에 지휘봉을 들고, 왼손은 아래를 가리키는 마법사. 머리 위에는 무한을 의미하는 기호인 '∞'(인피니티 혹은 뫼비우스 고리)가 자리하고 있습니다.

책상 위에는 4대 원소인 불, 땅, 바람, 물을 의미하는 지팡이(완드), 동전(펜타클), 검(소드), 잔(컵)과 같은 도구가 모두 놓여 있으며, 이 도구들은 연금술을 상징합니다. 이 카드가 나왔을 때는 창조성, 사물의 구체적인 시작, 향상심, 사랑이 싹틈 등과 같이 바보 카드에 비해 착실하게 무언가를 시작하고 있는 상태를 보여줍니다.

정방향의 키워드	역방향의 키워드
창조하는 힘 / 구체적인 시작 / 창조 / 초의식 / 독자성 / 재능 / 유능함 / 사랑의 시작	센스 없음 / 상상력 부족 / 탕아 / 교활함 / 기술 부족 / 슬럼프 / 아이디어 결여

신비로운 문지기!
신의 영역과 이어지는 달의 여신

이야기 바보가 마법사 다음으로 만난 인물은 왠지 차가워 보이는 인상의 여자입니다. 게다가 매우 똑똑해 보여서 다가가기 어려운 분위기를 풍깁니다. 그도 그럴 것이 그녀는 신의 영역과 이어진 여사제입니다. 바보는 그녀와 만남으로써 이 세계에 지체 높은 존재가 있다는 점을 알게 되었고, 그 존재로부터 지성과 신비를 배웠습니다.

카 드 가 품 은 이 야 기

검은색 기둥과 회색 기둥은 각각 '음과 양', '그림자와 빛', '여자와 남자' 등 상반되는 개념들의 균형을 나타냅니다.

푸른색 의복은 고차원으로 이어져 있음을 의미합니다.

배경의 푸른색은 숨겨진 지식을 상징합니다.

입구 저편에 보이는 석류는 여성성을 상징합니다.

지혜의 왕인 솔로몬 왕의 신전에 있던 BOAZ(보아즈)와 JACHIN(야킨)의 기둥 앞에 서 있습니다.

품속의 문서는 신의 경전으로 아무나 열어볼 수 있는 물건이 아닙니다.

초승달은 달의 세계를 지배하고 있음을 말해 줍니다.

미미코's point

어딘가 냉철한 시선을 보내는 여사제는 음양의 특성을 나타내는 기둥 앞에 앉아 있고, 그 품에는 신비의 지혜를 기록한 문서를 품고 있습니다. 이 문서는 정해진 사람만 볼 수 있습니다. 여사제는 태양으로도 보름달로도 보이는 관을 쓰고 있고, 그녀의 발치에는 커다란 초승달이 놓여 있네요. 신비로움을 드러내는 요소가 가득합니다! 이 카드가 나왔을 때는 인스피레이션, 이지적, 냉철, 상식, 플라토닉한 사랑과 같은 상태를 의미합니다.

정방향의 키워드

지성 / 진리 / 총명 / 양식 / 청순 / 관찰 / 이론 / 정신적인 / 영감 / 플라토닉한 사랑

역방향의 키워드

편견 / 히스테리 / 억지 / 눈치 없음 / 고압적 / 무뚝뚝 / 보수적 / 결벽 / 독신

모든 여성의 행복을 상징!
사랑과 풍요의 여신

이야기 | 바보가 여사제 이후에 만난 사람 또한 여성이었습니다. 하지만 여사제와는 전혀 다르게, 여유롭고 상냥해 보입니다. 바보가 만난 사람은 바로 사랑과 풍요로움을 구현하는 여황제입니다. 바보는 여황제로부터 만물을 사랑하는 '자비로운 마음'을 배웠습니다.

카 드 가 품 은 이 야 기

노란색 배경은 태양의 힘. 근심 걱정 없는 상태를 나타냅니다.

12개의 별로 이루어진 관은 성모 마리아를 의미합니다.

숲에서 흘러나오는 하천과 우거진 초목은 지상의 생물 모두를 길러내는 비옥함의 상징입니다.

석류 무늬 드레스는 여성성을 온몸에 두르고 있다는 것을 상징합니다.

약간 부풀어 있는 배는 임신을 나타낸다는 설도 있습니다.

방패의 여성 기호는 수호의 힘, 사랑의 힘을 의미합니다.

풍성하게 여문은 보리는 풍요와 번영을 나타냅니다.

미미코's point

풍족한 작물과 풍요로운 자연. 여황제가 편안하고 우아하게 앉아 있고, 그 발치에 놓인 방패에는 여성(금성)을 나타내는 기호가 그려져 있습니다. 여황제는 이 뒤에 나오는 황제의 반려입니다. 결혼한 여성을 의미한다는 점에서 자애와 여성성을 나타내는 카드입니다. 임신부로도 보이지요. 여황제의 관에는 성모 마리아를 상징하는 12개의 별이 장식되어 있습니다. 이 카드가 나왔을 때는 행복, 만족스러운 상태, 가정, 평온함, 결혼으로 이어지는 인연과 같은 상태를 나타냅니다.

정방향의 키워드

여성의 행복 / 사랑 / 자애 /
수확 / 모성 / 성숙한 여성 /
풍요 / 임신 / 가정 / 넉넉한 마음

역방향의 키워드

심술궂음 / 과보호 / 허영심 /
물욕 / 가정불화 / 나쁜 부모 /
이혼 / 질투 / 늘어짐 / 거짓말

넘치는 카리스마와 리더십!
근엄한 황제

이야기 상냥한 여황제를 만난 다음 바보가 향한 곳은 여황제의 남편인
황제가 있는 장소였습니다. 황제에게서는 위압감과 근엄함이 느
껴지네요. 카리스마가 흘러넘치는 황제에게 바보는 멋과 성공뿐만 아니라
이에 필요한 엄격함을 배웠습니다.

카 드 가   품 은   이 야 기

돌로 된 옥좌는 영원히 변치 않는 지위를 나타냅니다.

언뜻 주황색으로 보이기도 하지만, 사실은 노란색 바탕에 붉고 얇은 선이 그어져 있음을 눈치채셨나요? 왠지 밝은 미래만이 아니라 약간의 피비린내도 느껴집니다.

오른손에 쥔 앙크 십자가(생명의 열쇠)를 통해 황제가 모든 생명을 장악하고 있음을 알 수 있습니다.

왼손의 구슬은 그가 모든 물질적인 것을 손에 넣었음을 나타냅니다.

붉은 의복은 법률·정치·종교 등 각 분야의 최고위직을 의미하기 때문에 황제는 정치 분야의 최고 권력자임을 알 수 있습니다.

뒤로 보이는 바위산은 넘어야만 하는 시련이나 고난을 의미합니다.

옥좌의 양은 12개 별자리의 제일 첫 번째로, 강한 리더십을 상징합니다.

미미코's point

절대 썩지 않을, 돌로 만들어진 옥좌에 앉아 근엄하게 내려다보는 황제는 남성성을 상징합니다. 오른손에는 고대 이집트의 '생명의 열쇠'인 앙크 십자가를 쥐고 있으며, 왼손에는 물질을 의미하는 구슬을 가져 이 세상 전부를 손에 넣은 듯 보입니다. 카드 배경으로 풀 한 포기 자라지 않는 험준한 산맥이 보이네요. 주변에 사람의 흔적이 느껴지지 않는, 이 외로운 그림에서 왕의 고독함이 배어 나오는 것 같습니다. 이 카드가 나왔을 때는 행동력, 탁월한 능력, 금전의 장악, 공격, 진지한 연애와 같은 상태를 나타냅니다.

정방향의 키워드	역방향의 키워드
사업의 성공 / 실행 / 건설 / 비전 / 부성 / 행동력 / 카리스마 / 권력의 최고봉 / 사장	지배 / 혼자 / 자기 멋대로 / 독점욕 / 강인함 / 자신감 상실 / 오만 / 완고함 / 과신 / 지위 격하 / 권력욕

만물을 품어주는 자비로운 시선
인도하는 자, 교황

이야기 바보가 황제 다음으로 만난 사람은 신을 모시는 사람 중 가장 높은 지위에 있는 사람, 바로 교황입니다. '교황'은 자신이 곧 법이라서 성경의 힘을 빌릴 필요가 없는 존재입니다. 어떤 사람에게든 자비로운 가르침을 내려주는 교황의 모습에서 바보는 자비심을 배웠습니다.

카드가 품은 이야기

교황의 등 뒤로 보이는 2개의 기둥은 그가 성역을 지키기에 적합한 인물임을 나타냅니다.

붉은 의복은 법률·정치·종교 등 각 분야에서 최고위직을 의미하기 때문에 교황은 종교 분야의 최고 권력자임을 알 수 있습니다.

삼중 십자가와 삼중 관. '3'은 최고위직 성직자만 사용할 수 있는 숫자입니다.

회색 배경은 감정보다는 경전에 따른다는 굳은 의지를 드러냅니다.

두 명의 제자는 '열린 가르침'을 의미하며, 각자 입고 있는 '백합 무늬 옷'과 '장미 무늬 옷'은 순수와 열정을 모두 따른다는 것을 보여줍니다.

미미코's point

자비와 위엄이 가득한 눈으로 두 명의 성직자에게 가르침을 주는 교황이 보이네요. 오른손은 신의 축복을 나타내고, 왼손은 '영(靈)'을 상징하는 삼중 십자가를 들고 있습니다. 머리에 삼중 관도 쓰고 있습니다. '교황'의 힘이 (기독교 삼위일체 등) 인간의 정신·육체·영혼에 미치는 것을 나타내며, 발아래 놓인 두 개의 열쇠는 교황이 천국의 문을 열 수 있다는 것을 의미합니다. 신의 존재와 정신성을 상징하는 이 카드는 신앙, 매력적인 성격, 지도력, 주변 사람을 도움, 신중한 사랑을 나타냅니다.

정방향의 키워드	역방향의 키워드
자비 / 전체를 위한 도움 / 친절 / 보호 / 유지 / 전통적 / 우애 / 정당성 / 종교의 최고봉 / 교육	참견 / 지나친 성실 / 사치 / 팔방미인 / 고립무원 / 둔감 / 태만 / 동정심 / 도움이 없음

사랑은 망설임의 연속?
결정하지 못하는 것은 어느 시대나 마찬가지

이야기 지금까지 여러 대단한 사람들과 만난 바보. 드디어 이곳에 다다라 '사랑'을 배웠습니다. 행복해 보이는 남녀 한 쌍이 보이는데요. 어라? 여자는 어디를 보고 있는 것일까요? 사랑이란 어쩐지 복잡한 것 같습니다.

카 드 가 품 은 이 야 기

천사의 뒤로 두 사람을 비추는 태양이 있습니다.

사과나무에는 뱀이 있네요. 에덴동산이 연상됩니다.

벌거벗은 남녀는 아담과 이브를 나타낸다고도 합니다. 이브는 아담이 아니라 신을 보고 있습니다.

카드 속 천사는 대천사 라파엘이라고도 합니다. 에덴동산에서는 아담과 이브를 수호하고 지도하는 역할을 했다는군요.

하늘과 땅 사이의 푸른 배경은 연애의 행방은 신만이 안다는 것을 의미하는 듯하네요.

미미코's point

뱀이 사과나무를 휘감고 있고, 아담과 이브처럼 보이는 남녀가 천사에게 축복을 받고 있습니다. 여자 쪽에 뱀이 있는 점도 흥미롭네요. 서로 사랑하는 사이인가 싶지만, 여자는 과연 이 사람이 괜찮을지 아직 결정하지 못한 모습입니다. 이 카드는 파트너를 상징하지만 '우유부단'이라는 의미도 있습니다. 카드의 의미는 분명하지만, 왠지 의미심장하네요. 이 카드가 나왔을 때는 사랑의 기회, 선택해야 하는 시기, 양면성, 우유부단, 우정에서 시작된 사랑과 같은 상태를 나타냅니다.

정방향의 키워드	역방향의 키워드
연애 / 취사선택 / SNS / 행동 결정 / 우호·협력적인 관계 / 직감에 따른 선택 / 공명 / 성관계	양면성 / 바람기 / 이별 / 양다리 / 질림 / 커뮤니케이션 장애 / 이혼 / 선택할 수 없음

현재에 만족하지 않고 힘차게 돌진!
젊은 왕자의 행동력

이야기 사랑을 가르쳐 준 연인들에게 헤어짐을 고하고 다시 여행길에 오른 바보. 이번에는 전차를 타고 돌진하는 젊은 왕자와 만났습니다. 지위도 명예도 모두 가진 왕자인데 현재에 만족하지 않고 영토를 넓히고자 저돌적으로 나서는 그의 모습에서 바보는 도전 정신과 성장을 위해서라면 투쟁해야 한다는 것을 배웠습니다.

카드가 품은 이야기

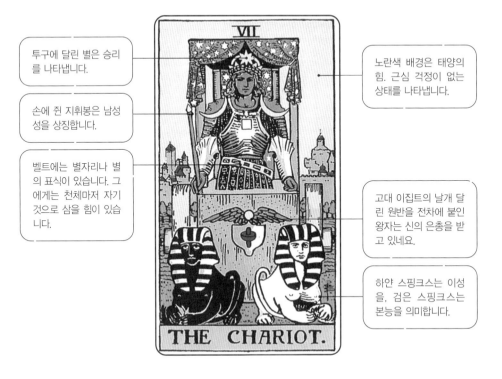

투구에 달린 별은 승리를 나타냅니다.

손에 쥔 지휘봉은 남성성을 상징합니다.

벨트에는 별자리나 별의 표식이 있습니다. 그에게는 천체마저 자기 것으로 삼을 힘이 있습니다.

노란색 배경은 태양의 힘. 근심 걱정이 없는 상태를 나타냅니다.

고대 이집트의 날개 달린 원반을 전차에 붙인 왕자는 신의 은총을 받고 있네요.

하얀 스핑크스는 이성을, 검은 스핑크스는 본능을 의미합니다.

미미코's point

음양을 상징하는 스핑크스를 거느리고 전장으로 향하는 젊은 왕자는 스핑크스를 완전히 제압해 수하로 부리는 지혜롭고 용감무쌍한 주군입니다. 젊음이 넘쳐흐르는 그의 행동 범위는 넓고 이동 거리가 멀수록 성공으로 이어집니다.

승리의 별이 장식된 투구를 쓰고, 행동력을 나타내는 지휘봉을 오른손에 쥐고서 앞만 바라보는 왕자에게서는 자신감과 승리에 대한 확신이 보입니다. 이 카드는 극복, 다른 세계로 진출, 발전, 이동, 빠른 속도로 진행되는 연애와 같은 상태를 나타냅니다.

정방향의 키워드	역방향의 키워드
승리 / 정복 / 행동 / 노력 / 극복 / 자립심 / 해외 / 젊음 / 개척 정신 / 이동 / 속도	자신감 과잉 / 승부에서 짐 / 역부족 / 최악의 타이밍 / 미숙 / 오만 / 실패 / 무기력

힘이 전부가 아니야!
사랑과 용기란 기적을 일으키는 원동력

이야기 다음으로 바보는 야생 사자와 그 사자를 길들이고 있는 여자를 만납니다. 힘을 써서 억지로 제압한 것도 아닌데 사자는 얌전히 여자를 따릅니다. 그녀는 어떻게 이런 기적 같은 힘을 손에 넣은 것일까요? 바보는 그녀에게서 '힘'과 '강함'은 용기와 집중력, 그리고 정신력에서 비롯됨을 배웠습니다.

카 드 가 품 은 이 야 기

여자의 머리 위에 자리한 무한대 표식은 인간에게는 그녀처럼 강한 정신력이나 용기가 무한함을 가리킵니다.

노란색 배경은 태양의 힘. 근심 걱정이 없는 상태를 나타냅니다.

새하얀 의상은 순수한 힘의 소유자임을 상징합니다.

사자는 우리 안의 충동이나 욕망을 나타낸다고 하네요. 사자를 길들이는 모습이 멋있습니다.

뒤쪽의 푸른 산은 인생의 목적(청사진), 혹은 신의 영역을 뜻합니다.

미미코's point

사자를 맨손으로 제압하는 여자의 머리 위에는 무한대를 나타내는 기호가 있습니다. 사자는 다이아몬드를 입에 물고 있고, 이 여자는 그 다이아몬드를 입에서 빼낼 기회를 살피고 있다는 설도 있습니다. 이 행동에 필요한 것은 용기와 집중력입니다. 정신력에 의해 기적이 생겨날 수 있다는 점을 말해주기에 '기적의 카드'라고도 합니다. 이 카드는 균형 잡힌 감정과 이성, 열정적, 적극적, 자립, 본능적으로 통하는 연애와 같은 상태를 나타냅니다.

정방향의 키워드	역방향의 키워드
기적 / 용기 / 결의 / 의지 / 신념 / 본능·이성·감정의 통합 / 절호의 타이밍 / 동조	불운 / 과신 / 허세 / 게으름 / 권력 남용 / 모함 / 역경 / 고난 / 용기 없음 / 난폭한 사랑

왠지 괴짜 같아 보이는 할아버지
인 걸… 하지만 모르는 게 없는 걸
보니 보통 사람은 아닌 것 같아.

다음 세대를 담당할 자에게
세상의 모든 지혜를 전수하는 마스터

이야기 여러 만남을 거치며 바보는 많은 것들을 자기 것으로 흡수했는
데, 여기서 다시 한번 〈스타워즈〉의 요다 같은 존재와 만납니다.
홀로 황야에 멈춰 서 있는 고집스러운 얼굴의 할아버지인데, 정말 엄청나게
많은 것을 알고 있어서 바보에게 재밌는 것들을 많이 가르쳐 주었습니다.
바보는 그중에서도 특히 중요한 '진리'를 알게 되었습니다.

카 드 가 품 은 이 야 기

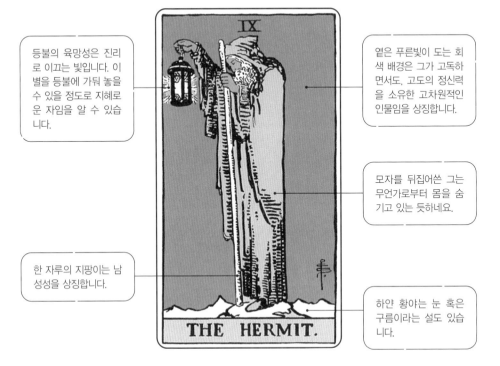

등불의 육망성은 진리로 이끄는 빛입니다. 이 별을 등불에 가둬 놓을 수 있을 정도로 지혜로운 자임을 알 수 있습니다.

옅은 푸른빛이 도는 회색 배경은 그가 고독하면서도, 고도의 정신력을 소유한 고차원적인 인물임을 상징합니다.

모자를 뒤집어쓴 그는 무언가로부터 몸을 숨기고 있는 듯하네요.

한 자루의 지팡이는 남성성을 상징합니다.

하얀 황야는 눈 혹은 구름이라는 설도 있습니다.

미미코's point

육망성이 담긴 등불을 든, 고독한 노인이 그려져 있네요. 아무것도 없는 하얀 황야에 서 있는 그의 모습이 정말 고고해 보입니다. 모든 일에 정통하고, 많은 경험을 쌓아 왔기 때문에 스스로 고독하기를 바랍니다. 하지만 유망하다고 판단한 인간에게는 모든 것을 알려주고자 행동하는 성질도 있어, 다음 세대에 그 지혜를 전수하고자 합니다. 이 카드는 자기 자신을 진지하게 들여다보는 것, 해결사, 은밀하게 진행하는 계획, 유능함, 비밀이 있는 연애를 나타냅니다.

정방향의 키워드

진리 / 사려 깊음 / 탐구 / 내적 회귀 /
숙려 / 노인 / 마스터 /
해결사 / 어른의 사랑 / 논리

역방향의 키워드

괴짜 / 은둔형 외톨이 / 권력의 편중 /
비판적 / 불륜 / 고집 센 아저씨 /
과민 / 고생 / 신경과민 / 비밀

어라. 이번에는 사람이 아니라 바퀴? 운명의 수레바퀴라고 하는구나. 모두 저 바퀴에 의해 좌우되는 것 같아.

영원히 돌고 도는 수레바퀴처럼
운명에 몸을 내맡긴 인간들

이야기 지금까지 다양한 사람들과 만났던 바보. 여기에서는 이전과 조금 다른 것과 만나게 됩니다. 뭔가 조금 특이한 바퀴가 보이네요. 눈에 보이지 않는 힘에 의해 바퀴는 계속 돌아갑니다. 바보는 이 바퀴가 '운명의 수레바퀴'라고 불린다는 것을 알게 되었습니다. 바퀴의 회전에 몸을 내맡길 수밖에 없는 인간들을 보며 '인간이란 운명에 농락당하는 존재'라는 사실을 배웠습니다.

카 드 가 품 은 이 야 기

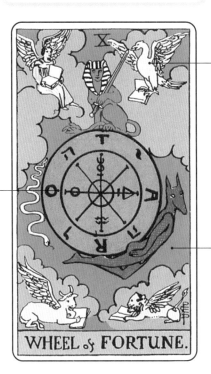

네 귀퉁이의 동물은 우주를 구성하는 4대 원소(불, 땅, 바람, 물)나 불변의 방위 등을 나타냅니다.

수레바퀴는 영원히 계속되는 운명의 회전을 상징합니다. 이 바퀴에 모여 있는 스핑크스, 아누비스, 티폰 모두 '사악한 존재들'입니다. 바퀴에 쓰인 글자는 '타로' 그 자체와 '연금술'을 의미합니다.

배경의 푸른색은 운명은 인간의 이치 밖에 있고, 신이 관장하는 영역에 있다는 것을 가리킵니다.

미미코's point

수레바퀴는 영원히 계속 돌고 돕니다. 지금은 정상에 군림하며 검을 든 스핑크스도 언젠가는 아래로 옮겨갈 테지요. 운명은 이러한 반복의 연속입니다. 카드의 네 귀퉁이에는 '날개 달린 사자/불', '날개 달린 수소/땅', '천사/바람', '독수리/물'이 자리하고 있고, 모두 느긋하게 책을 읽고 있습니다. 이 생물들은 네 개의 원소 혹은 방위 등과 같이 불변을 나타내고, 돌아가며 변화하는 것은 인간의 운명뿐이라고 말해주는 듯합니다. 이 카드는 급격한 변화, 운이 트임, 전환기, 운명적인 만남과 같은 상태를 나타냅니다.

정방향의 키워드	역방향의 키워드
새로운 국면 / 운명의 호전 / 이미지 변신 / 고비 / 전환기 / 운명의 상대 / 연락이 옴	기회를 놓침 / 급격하게 나빠지는 변화 / 변혁의 실패 / 역전 패소 / 불문 / 변화가 없음

저렇게 매서운 눈을 하고 있는 건 정의를 관철하려고 하기 때문이지.

붉은 옷을 입은 법의 파수꾼이
인간으로서의 올바름을 알려 준다

이야기　운명에 농락당하는 인간들을 본 후, 바보는 이쪽을 꿰뚫어 볼 듯이 엄격하고 냉철한 시선을 보내는, 남자 같기도 여자 같기도 한 인물과 만납니다. 그는 정의를 수호하는 법의 파수꾼입니다. 바보는 정에 휩쓸리지 않고 객관적으로 공평한 판단을 내리는 이 인물에게 인간계에도 흔들림 없는 '정의', '올바름'이 있다는 것을 배웠습니다.

카드가 품은 이야기

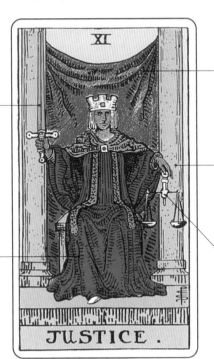

오른손에 든 검은 대천사 미카엘의 단죄의 검으로 악을 자비 없이 심판함을 의미합니다.

붉은 의복은 법률·정치·종교 등 각 분야의 최고위직을 의미하기 때문에, 정의는 법률 분야의 최고 권력자임을 알 수 있습니다.

태양을 상징하는 노란색이 붉은 베일로 가려져 있습니다. 법은 즐거움이나 감정만으로는 지킬 수 없음을 의미합니다.

두 개의 기둥은 공고한 법률을 나타냅니다.

왼손의 천칭은 아르테미스의 천칭이며, 공정한 심판을 상징합니다.

미미코's point

오른손에는 검을 들고, 왼손에는 천칭을 쥔 인물이 그려져 있습니다. 오른손의 검은 대천사 미카엘이 가진 단죄의 검, 왼손의 천칭은 아르테미스 신화에서 유래한 공정한 심판의 천칭이 모티브입니다. 정의를 관철하려는 강경한 눈빛이 이 카드의 위엄을 강렬하게 보여주는 것 같네요. 타로에서 '붉은 의복'은 최고 지위를 상징하는 복장입니다. 이 카드가 나왔을 때는 공명정대, 법률, 권리의 행사, 평화적, 성실한 연애 등의 상태를 나타냅니다.

정방향의 키워드

공평 / 정산 / 승소 /
결착의 필요성 / 공식적인 연애 /
계약 / 법의 최고 권력자

역방향의 키워드

불공평 / 불만이 쌓임 / 건강을
챙기지 않음 / 치사한 행동을 함 / 실망 /
차가움 / 인정 없는 판단 / 패소

자기희생을 아끼지 않는다!
다른 사람들을 위해 거꾸로 매달린 남자

이야기 바보가 인간계에서 마지막으로 목격한 장면은 어떤 남자가 거꾸로 매달려 있는 충격적인 광경이었습니다. 바보는 깜짝 놀랐습니다. 그런데 이 남자는 죄를 저질러서 매달려진 것이 아니라 누군가를 위해 희생된 듯합니다. 이 고난을 이겨내면 나중에 분명히 광명이 있으리라 믿는 남자로부터 바보는 '자기희생'의 정신을 배웠습니다.

카 드 가 품 은 이 야 기

T자로 된 나무는 십자
가를 나타냅니다.

초록색 잎은 생명의 숨
결을 의미합니다.

4자 모양의 다리는 점
성술에서 '목성'을 뜻합
니다. 목성은 확장하는
천체로, 현재는 고생스
러울 수 있지만 미래에
는 커다란 행운도 기
다리고 있음을 의미합
니다.

푸른 의복은 이 남자가
신의 영역으로도 통함
을 암시합니다.

회색의 배경은 감정이
나 행동으로는 아무것
도 할 수 없는 현재 상
태를 말해줍니다.

후광은 자기희생으로
매달린 남자의 영광과
명예를 나타냅니다.

THE HANGED MAN.

미미코's point

이 남자는 왜 이렇게 매달려 있는 것일까요? 죄를 저질러서 벌을 받는 것일까요?
아닙니다. 그 이유에 대해서는 이 남자가 누군가를 위해 매달렸다, 의식의 제물이
다 등등 다양한 설이 있습니다. 하지만 이 남자의 머리에서는 작은 후광이 비치
고 있고 얼굴에는 괴로운 기색이 전혀 보이지 않습니다. 지금은 괴로울지라도 분
명 볕 들 날이 온다고 알려주는 것 같지 않나요? 이 카드는 자기희생, 지금은 나
서도 잘 안됨, 때를 기다림, 꼼짝도 못 하는 사랑과 같은 상태를 나타냅니다.

정방향의 키워드

보상받을 고생 / 영혼이 성장하는 시련 /
자기희생의 마음을 배움 /
손해 보고 얻음 / 성과는 시기상조

역방향의 키워드

약해지는 이성 /
아무 의미 없이 끝나는 자기희생 /
헛수고 / 이용당함 / 지나치게 애씀

죽음이란 영원.
종언과 재생을 관장하는 영원의 카드

이야기 여러 사람을 만나 많은 것을 배운 바보는 마침내 그 누구도 피할 수 없는 '죽음'을 맞이합니다. 여기에서 인간 세계에서의 배움은 일단락되었는데, 아무래도 죽음 이후에는 다른 세계가 기다리고 있는 듯하네요. 하나의 사물이 마지막을 맞이하고, 누군가 다시 태어나며, 세계는 재생합니다. 인간의 삶도 죽음도 그저 시간의 흐름일 뿐인지도 모르겠네요. 바보의 여행은 앞으로도 계속 이어집니다.

카 드 가 품 은 이 야 기

사신이 달고 있는 붉은 깃털은 불사조 피닉스의 깃털로 부활의 상징입니다. 어라? 이건 바보가 달고 있는 깃털과 같은 것일까요?

배경의 회색은 삶도 죽음도 아닌 회색지대를 나타냅니다.

쓰러져 있는 사람은 왕인 것 같네요. 죽음은 누구에게나 찾아옵니다.

깃발에 그려진 하얀 장미는 아무것도 없는 '무(無)'의 상태를 나타냅니다. 그러고 보니 이 장미도 여행을 시작할 때 바보가 갖고 있던 하얀 장미와 같은 것 같네요?

기둥 사이에서 빛을 발하는 태양은 새로운 미래가 태어남을 보여줍니다.

깃발의 오른편은 삶의 세계입니다. 생과 사는 이 말이 나아가는 것처럼 자연스러운 일임을 의미합니다.

미미코's point

타로카드 세계에서 왼편은 과거, 오른편은 미래입니다. 백마는 미래를 향해 걸어가고, 깃발은 바람의 방향을 거슬러 미래로 펄럭이고 있습니다. 백마가 가는 길 앞으로는 사람들이 모두 살아 있지만, 지나온 길 뒤로는 죽어 있습니다. 그곳에는 왕도 있네요. 이는 어떤 사람에게든 미래에는 평등하게, 반드시 죽음이 찾아온다는 것을 의미합니다. 인간 세상의 이치를 표현한 이 카드는 사실 영원을 의미하며, 마지막을 맞이함, 활동 정지, 깔끔히 포기하는 편이 이득, 이별이나 이혼을 나타냅니다.

정방향의 키워드	역방향의 키워드
죽음 / 종말 / 정지 / 영원 / 세상의 이치 / 신기한 힘 / 실연 / 리셋 / 이혼 / 고립	재생 / 부활 / 처음부터 다시 시작 / 한 번 끝났던 것의 부활 / 상황이 변하기 시작함

완벽한 조화를 이룬 세계!
영원의 균형을 담당하는 절제의 천사

이야기   인간 세계 여행을 끝낸 바보, 이제는 무려 신의 세계에 발을 들
입니다. 가장 먼저 만난 것은 세계의 균형을 담당하는 절제의 천
사입니다. 신의 세계로 전진하기 위해 여기서 영혼의 조화와 균형을 배우고
다음으로 이동합니다.

카드가 품은 이야기

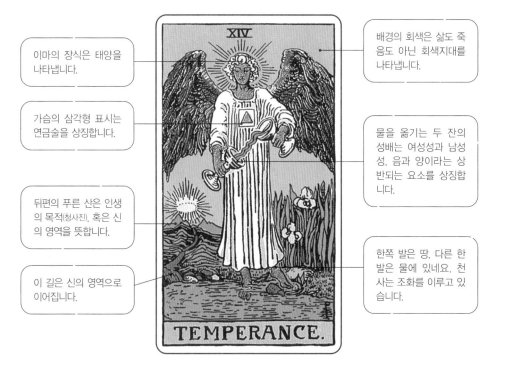

이마의 장식은 태양을 나타냅니다.

배경의 회색은 삶도 죽음도 아닌 회색지대를 나타냅니다.

가슴의 삼각형 표시는 연금술을 상징합니다.

물을 옮기는 두 잔의 성배는 여성성과 남성성, 음과 양이라는 상반되는 요소를 상징합니다.

뒤편의 푸른 산은 인생의 목적(청사진), 혹은 신의 영역을 뜻합니다.

이 길은 신의 영역으로 이어집니다.

한쪽 발은 땅, 다른 한 발은 물에 있네요. 천사는 조화를 이루고 있습니다.

미미코's point

천사가 커다란 날개를 좌우로 펼치고, 손에 든 두 잔의 성배에 물을 왔다 갔다 옮겨 담고 있습니다. 한쪽 발은 대지에, 또 다른 발은 수면에 두고요. 세상 모든 사물은 균형과 조화로부터 성립함을 상징합니다. 짝을 이루는 두 잔은 여성성과 남성성, 음과 양, 물과 불, 영과 육체, 의식과 무의식이라는 상반된 요소를 상징하며, 날개 달린 인물은 이것들을 연결하는 '중재자', 대천사 미카엘이라고 합니다. 이 카드는 온화함, 검소함, 분별 있는 교제, 순애와 같은 상태를 나타냅니다.

정방향의 키워드	역방향의 키워드
완벽한 균형 / 완전한 조화 / 순응 / 조율 / 윈윈 / 평화로운 가정 / 중용 / 순애	균형이 잡히지 않음 / 조직 혹은 가정의 불화 / 극단적인 상태 / 가치관의 차이

인간은 역시
유혹을 이길 수 없나 봐….

배덕의 유혹에 저항하기란 불가능…
어느 세계에서든 악마는 달콤하게 속삭인다

이야기 신의 세계로 들어가는 입구에서 영혼의 조화를 이룬 바보. 가장
먼저 방문한 곳은 지옥으로, 악마와 마주치게 됩니다. 반은 인간
의 모습을 한 남녀가 악마의 발아래에서 사슬로 이어져 있습니다. 언제든
도망칠 수 있을 것 같이 느슨한 사슬인데도 두 사람은 도망갈 생각 없이 이
상황에 만족해 하는 듯 보이는 것은 왜일까요? 바보는 이곳에서 욕망과 그
욕망에 대한 집착과 구속을 배웠습니다.

카드가 품은 이야기

거꾸로 된 오망성은 사악한 것을 불러내는 악마의 힘을 의미합니다.

상반신은 인간, 하반신은 짐승인 모습은 이성으로는 억제할 수 없는 폭력적인 본능을 나타냅니다.

사슬은 언제든 벗어날 수 있어 보입니다.

검은 배경은 어둠과 위험의 상징입니다.

이어진 남녀 중 남성의 꼬리에 달린 불은 폭력성과 파멸을, 여성의 꼬리에 거꾸로 달린 포도는 본래 신성했던 것이 그 반대가 되었다는 것을 표현합니다.

미미코's point

박쥐 같은 날개를 펼친 악마의 발아래에는 사슬로 이어진 빌거벗은 남녀가 있습니다. 두 사람의 머리에는 뿔이 나 있어 악마의 권속 혹은 인간의 상징으로 봅니다. 이 두 사람의 목을 이은 사슬은 느슨하게 늘어져 있어 언제든 손쉽게 벗어던지고 달아날 수 있어 보입니다. 하지만 어느 세계든 배덕의 유혹에 빠지고 만 사람들은 스스로 그곳을 벗어나지도 않고, 벗어날 수도 없는 것일까요? 이 카드는 유혹에 약함, 야심, 이기주의, 끊긴 인연, 타락한 생활과 같은 상태를 나타냅니다.

정방향의 키워드

욕망 / 저주 / 속박 / 유혹 /
육체의 욕구 / 폭력 / 구속 / 타락 /
나쁜 환경 / 범죄 / 계산적 / 야심

역방향의 키워드

단기적인 비즈니스 / 해방 /
악연의 해소 / 출구 /
게으른 상태에서 벗어남 / 회복

방자하게 굴던 인간에게 내려진 신의 철퇴!
벼락을 맞고 무너져 내리는 탑

이야기   신의 영역에 들어오자마자 악마와 만났던 바보. 하지만 그다음에 목격한 것은 더욱 무서운 광경이었습니다. 신에게 가까워지기 위해 높이 쌓아 올린 돌탑에 신의 분노인 벼락이 떨어져 탑은 붕괴되고, 사람들은 속수무책으로 추락합니다. 바보는 이곳에서 방자하게 굴던 인간의 어리석음과 그에 대한 신의 분노가 얼마나 무서운지 배웠습니다.

카 드 가 품 은 이 야 기

인간의 권력을 나타내는 왕관도 신 앞에서는 순식간에 파괴되고 맙니다.

벼락은 신의 분노를 나타냅니다.

탑에는 세 개의 창문이 나 있는데, 신의 숫자인 '3'에서 불이 뿜어져 나오는 모습을 통해 신의 분노를 표현하고 있습니다.

추락하는 사람들은 신 앞에서는 그가 누구인지와 상관없이 벌을 받는 모습을 의미합니다.

탑은 오만방자한 인간의 작태를 의미합니다.

검은 배경은 어둠과 위험을 상징합니다.

THE TOWER.

미미코's point

신의 권위에 도전하려는 듯 사람의 손으로 높이 쌓아 올린 탑. 오만방자한 인간에게 신의 철퇴인 벼락이 떨어지고 있습니다. 갑작스러운 일에 속수무책으로 추락하는 사람들. 도망칠 시간조차 주어지지 않았습니다.

이 카드는 갑작스러운 문제 상황, 사고, 반강제적인 변화, 숨겨진 사랑의 탄로와 같은 상태를 나타냅니다.

정방향의 키워드	역방향의 키워드
파괴 / 붕괴 / 파국 / 재해 / 반발 / 기반의 붕괴 / 사고 / 천변지이 / 백지 상태에서 시작	구사일생 / 바람이 들킴 / 가장 중요한 것이 남음 / 붕괴 일보 직전에 버팀

반짝반짝 빛나는 별 때문에 지옥에서 천국에 온 것만 같아!

샛별과 마르지 않는 샘!
미의 여신이 만들어 내는 아름다운 들판

이야기　무서운 광경에 덜덜 떨던 바보가 다음으로 방문한 장소는 별빛이 반짝이는 평화로운 들판이었습니다. 아름다운 나체의 여자가 물병에서 영원히 마르지 않는 물을 대지에 붓고 있습니다. 이 광경을 보며 바보는 인간이 늘 희망을 안고 살아간다면 아름다울 수 있다는 점을 배웠습니다.

카드가 품은 이야기

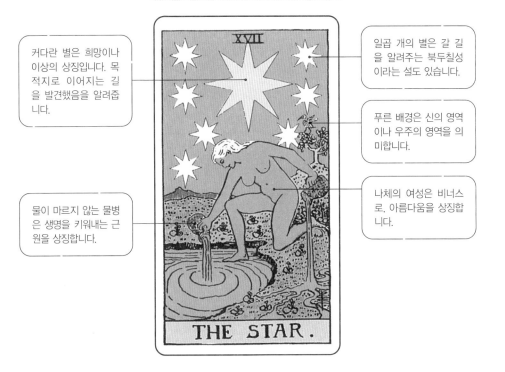

커다란 별은 희망이나 이상의 상징입니다. 목적지로 이어지는 길을 발견했음을 알려줍니다.

일곱 개의 별은 갈 길을 알려주는 북두칠성이라는 설도 있습니다.

푸른 배경은 신의 영역이나 우주의 영역을 의미합니다.

나체의 여성은 비너스로, 아름다움을 상징합니다.

물이 마르지 않는 물병은 생명을 키워내는 근원을 상징합니다.

미미코's point

물병을 든 여신 위로 반짝이는 커다란 샛별이 보이네요. 별이 가리키는 것은 희망입니다. 유독 빛나는 별 주변에 일곱 개의 별이 더 있습니다. 천지창조를 위해 보낸 칠 일, 일주일간을 구성하는 칠 일. 7로 완성된 우주의 주기, 그것은 인간이 다룰 수 없는 생명 에너지의 주기를 상징합니다. 다만, 별은 아득히 먼 곳에서 빛나고 있어 시간이 필요함을 나타내는 경우가 많기도 합니다. 이 카드는 새로운 가치관, 아름다움, 이상형인 상대와 오랜만에 우연히 만나는 상태를 나타냅니다.

정방향의 키워드

희망 / 이상 / 가능성의 개화 /
계시 / 시간이 걸리지만 성공함 /
새로운 발견 / 아름다움

역방향의 키워드

현실의 엄중함 / 인복이 없음 /
이상이 너무 높음 / 매너리즘 /
목표가 잘못됨

밤중에 활동하는 생물들.
달의 세계는 불안과 희망이 혼재하는 시간

이야기 바보가 이번에 찾아간 곳은 밝은 달만 떠올라 있는, 어슴푸레한 밤의 세계입니다. 선명하게 보이지 않는, 윤곽이 흐릿한 세계는 불안을 느끼게 합니다. 변하지 않는 것에 안정감을 느끼는 인간들은 언제나 차고 기우는 달을 보며 왠지 모를 불안을 느낍니다. 바보는 이 세계에서 '변화'와 그에 동반하는 '불안'을 알게 됩니다.

카 드 가 품 은 이 야 기

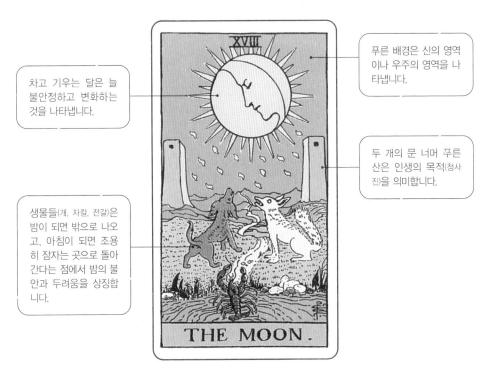

푸른 배경은 신의 영역
이나 우주의 영역을 나
타냅니다.

차고 기우는 달은 늘
불안정하고 변화하는
것을 나타냅니다.

두 개의 문 너머 푸른
산은 인생의 목적(청사
진)을 의미합니다.

생물들(개, 자칼, 전갈)은
밤이 되면 밖으로 나오
고, 아침이 되면 조용
히 잠자는 곳으로 돌아
간다는 점에서 밤의 불
안과 두려움을 상징합
니다.

미미코's point

달은 온전히 존재하지만, 지구에서 보면 차고 기우는 듯 보입니다. 보편적인 것이
안정의 상징이라면, 늘 변화하는 달을 보며 불안을 느끼는 것은 지극히 자연스러
운 일입니다. 밤이 되면 활동하는 생물들은 달빛에서 힘을 얻습니다. 고대에 개는
질병을, 자칼은 죽음을, 전갈은 불운을 부르는 상징이었습니다. 하지만 아침이 되
면 이 생물들도 잠자는 곳으로 돌아가 모습을 감춥니다. 이 카드는 불안과 불만,
물밑에서 진행되는 나쁜 상황, 인간관계의 불화, 거짓된 사랑을 나타냅니다.

정방향의 키워드

불안 / 비밀 / 위험성 /
직감이 작동하지 않음 / 거짓말 /
배신 / 주체성 결여 / 서서히 나빠짐

역방향의 키워드

천천히 좋아짐 / 시간이 걸리는 연애 /
망설임이 사라짐 /
서서히 드러나는 진상 / 장기 투자

The Sun

19

태양

> 눈부셔! 그리고 즐거워!
> 태양 빛을 쬐면 왜 이렇게
> 신이 나는 걸까?

눈부시게 빛나는 햇살과 열정의 깃발!
에너지가 가득 흘러넘치는 태양의 세계

이야기 바보는 달 밝은 밤을 지나 눈부신 태양 아래에 도착합니다. 행복의 에너지로 가득한 태양 아래, 모든 것이 기쁨으로 충만합니다! 백마를 탄 어린아이는 무방비하고 순진무구하기만 하네요. 어라? 저 빨간 피닉스의 깃털은 바보가 맨 처음에 달고 있던 그 깃털? 설마 우리의 바보는 이 어린아이로 다시 태어난 것일까요?

카 드 가 품 은 이 야 기

태양과 해바라기는 에너지와 생명력을 상징합니다.

붉은 깃털은 불사조 피닉스의 깃털로 부활을 의미합니다. 설마 이 어린아이가 우리의 바보?

직선과 곡선의 햇살은 두 힘의 융합, 균형을 나타냅니다.

푸른 배경은 신의 영역이나 우주의 영역을 나타냅니다.

붉은 깃발은 열정과 승리의 상징입니다.

백마는 순수함과 생명력을 나타냅니다.

미미코's point

찬란하게 빛나는 태양 아래 정열적인 붉은 깃발을 내걸고, 백마에 올라탄 활기찬 어린아이가 보입니다. 해바라기도 많이 피어 있네요. 태양에는 커다랗게 사람의 얼굴이 그려져 있습니다. 붉은 깃털을 머리에 올려두고 붉은 깃발을 든 이 아이는 연금술의 '현자의 돌'을 가리킨다는 설도 있는데, 만약 그렇다면 이 아이는 그리스도로도 볼 수 있습니다. 이 카드는 행복, 축복받은 운명, 넘치는 활기, 서로 사랑하는 사이, 자식 복이 있음과 같은 상태를 나타냅니다.

정방향의 키워드	역방향의 키워드
행복 / 양성 / 빛 / 활력 / 만족 / 정식 무대 / 어린아이 / 성공 / 음악 / 만족스러운 정신 상태 / 공개적인 상황	손실 / 음성 / 질병 / 계획 중지 / 인기 없음 / 큰 싸움 / 실패 / 결혼하지 않음 / 유산 / 가정불화

성스러운 천사의 나팔 소리는 각성할 때를 알리는 신호
결단을 재촉하는 최후의 심판

이야기 여행 종반에 이르러 바보를 기다리고 있는 것은 '최후의 심판'이
었습니다. 천사가 나팔 소리를 드높이며, 죽은 자까지 부활시키
는 기적을 일으키고 있습니다. 나팔은 놓쳐서는 안 될 기회나 각성할 때를
알려주는 것만 같습니다. 바보는 절대 놓쳐서는 안 될 기회가 있다는 것을
배웁니다. 완성된 멋진 세계로 가기 전 최후의 심판은 엄중한 법입니다.

카 드 가 품 은 이 야 기

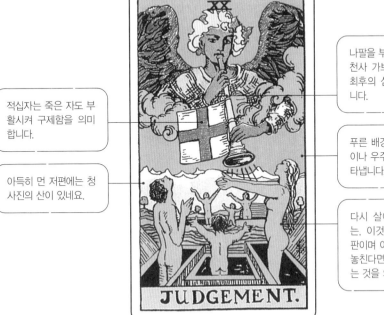

나팔을 부는 천사는 대천사 가브리엘이 행한 최후의 심판을 의미합니다.

적십자는 죽은 자도 부활시켜 구제함을 의미합니다.

푸른 배경은 신의 영역이나 우주의 영역을 나타냅니다.

아득히 먼 저편에는 청사진의 산이 있네요.

다시 살아난 죽은 자는, 이것이 마지막 심판이며 이 기회를 만약 놓친다면 다음은 없다는 것을 의미합니다.

미미코's point

이 카드는 좋게든 나쁘게든 결단을 의미하는 경우가 많습니다. 같은 일을 반복하며 무의미한 시간을 보낼 때, 기회를 잡으려 할 때, 과감하게 행동해야만 할 때처럼 말이죠. 천사가 성스럽게 나팔을 불며 "지금이야!"라고 알려줍니다. 한편 여기에 대응할 수 없을 때는 가차 없이 내버리고 가는 냉정함이 감춰져 있습니다. 이 카드는 부활함, 기회가 찾아옴, 포기했던 일이 다시 한번 빛을 봄, 각성과 같은 상황을 나타냅니다.

정방향의 키워드
부활 / 각성 / 인증 / 승리 / 결착 / 의식 개혁 / 최대의 기회 / 결단의 시기 / 신의 유도

역방향의 키워드
기회가 오지 않음 / 완전한 종언 / 결단 실수 / 좌절함 / 도움이 없음 / 좋지 않은 소식

영원을 나타내는 월계수!
세계의 끝은 시작이었다

이야기 　최종 심판을 거쳐 마침내 바보는 완성된 세계에 도달합니다. 지금까지 정말 다양한 것을 보고, 듣고, 배워서 드디어 '완성'과 '달성'을 알게 되었습니다. 바보의 모험은 다시 태어나 도착한 이 새로운 세계에서 일단 끝을 맺습니다. 하지만 잠시만요! 이것으로 정말 전부 알았다고 해도 좋은 것일까요? 다음 차원에서의 모험이 기다리고 있지 않을까요?

카 드 가 품 은 이 야 기

월계수 고리는 무한대의 기호로 연결되어 있습니다.

푸른 배경은 신의 영역이나 우주의 영역을 나타냅니다.

손에 든 두 개의 지휘봉은 여성성을 의미합니다. 바보는 이 중 하나를 받아서 다시 이야기의 시작점으로 돌아가 마법사에게 전달했다고 합니다.

네 귀퉁이의 동물과 천사는 4대 원소를 나타냅니다. '운명의 수레바퀴'와 달리 더는 책을 보고 있지는 않네요. 완벽한 상태이기 때문입니다.

미미코's point

메이저 아르카나의 종착점은 '세계'입니다. 월계수 고리를 둘러싼 네 귀퉁이에는 사자·수소·천사·독수리(불·땅·바람·물)의 4대 원소가 표기되어 있고, 끊임없이 이어진 월계수 고리 안에 지휘봉을 든 여자(중성)가 있습니다. 다음 차례를 의미하는 윤회라고도 합니다. 다시 말해, 이 카드는 끝이 아니라 다시 다음 고차원으로 향하는 시작이기도 합니다. 이 카드는 완성함, 만족함, 완벽해짐, 행운의 축복, 완성을 봄, 목적을 달성할 수 있음, 병이 회복됨과 같은 상태를 나타냅니다.

정방향의 키워드

완성 / 통합 / 달성 / 성취 /
완료 / 윤회 / 넓은 세계로 나감 /
바깥 세계 / 최고조 / 다른 차원 / 해외

역방향의 키워드

미완성 / 고생을 동반하는 연애나 결혼 /
불임 / 가족과의 불화 /
한 단계 위를 목표로 해야 할 때

메이저 아르카나를 '신의 영역'과 '달인의 영역'으로 나눠보자!

바보의 모험 이야기를 한번 쭉 훑어보았는데요, 그 외에 인스피레이션을 가져다주는 몇 가지 규칙을 해설하려 합니다. 이 원리를 알아두면 더욱 심오한 타로 리딩의 세계가 펼쳐질 것입니다!

슈퍼스타와 스타에 주목

각 프로야구팀에서 인기와 실력을 바탕으로 선발된 선수들이 치르는 올스타전에 대해 들어보신 적이 있지 않나요? 야구를 잘 모르는 사람이라도 한 번쯤은 들어보셨을 것입니다.

만약 메이저 아르카나만으로 점을 보는 경우라면, 선발된 올스타만으로 치러지는 시합을 상상하면 됩니다. 꽤 호화로운 시합이 될 것 같군요.
프로야구 선수가 되는 것만으로도 대단한 일인데, 올스타로 뽑혔다니 달인의 영역에 올랐다고 할 수 있겠네요.

타로 점은 메이저 아르카나 22장과 그 외 56장을 합쳐서 점을 봅니다. 마이너 아르카나가 크고 작은 힘을 갖춘 일반적인 프로야구 선수라고 한다면, **메이저 아르카나는 22장 중 어느 카드를 골라도 존재만으로 커다란 의미를 가지는, 큰 시합에 등판하는 올스타라고 보시면 됩니다.**
모든 선수 중에서 선택받은 22명의 선수라는 뜻이니까요.

하지만 이러한 올스타 중에서도 신의 영역에 도달한 슈퍼스타가 있습니다!

신의 영역
(슈퍼스타)

달인의 영역
(스타)

현재 잉글랜드 프리미어 리그에서 활약 중인 손흥민 선수처럼 국민 누구라도 그 이름을 아는 존재 말이죠.

그 슈퍼스타는 앞 페이지 상단에 있는 신의 영역에 들어가는 8장의 카드입니다.

이 영역의 카드가 나올 때는 큰 기회, 혹은 큰 위기 상황이라고 생각하시면 됩니다.

달인의 영역 카드보다 한 단계 위의 해석을 하는 편이 잘 맞습니다.

죽음은 신의 영역과 달인의 영역 사이인 경계(보더)에 위치해 양쪽 모두의 속성을 가지고 있으므로 상담 내용에 따라 판단하는 것이 중요합니다.

역방향이 더 좋은 의미를 갖는 카드

대부분의 메이저 아르카나 카드는 정방향이 긍정적인 의미를 갖지만, **위쪽에 별 표시(★)가 붙은 카드는 역방향이 더 좋은 의미인 카드**입니다.

단순하긴 하지만, 이 4장은 외워두도록 합시다.

배경색도 인스피레이션에 도움을 준다

카드 배경색과의 관련성도 알아두면 리딩할 때 많은 도움이 됩니다.

신의 영역 중에서도 '별' 카드부터 '세계' 카드까지의 배경색은 모두 푸른색입니다. **푸른색은 신의 영역이나 우주의 영역으로 이어지는 색깔이라고 해석할 수 있습니다.**

달인의 영역 중에서 '운명의 수레바퀴'나 '연인' 카드의 배경색도 푸른색인데, '운명의 톱니바퀴나 사랑의 행방은 신만이 안다'라고 생각한다면 납득이 가는 배색입니다.

또한, 여사제가 두르고 있는 베일도 푸른색이죠. 여사제는 달인이라고는 하지만 인간의 영역에서 유일신과 우주의 영역에 이어진 존재라고 생각하면 더욱 신비로워 보입니다.

한편 '악마'나 '탑'의 배경색은 새까만 색으로 불길한 이미지입니다.

노란색은 태양의 에너지를 온몸으로 받는, 밝고 긍정적인 의미를 갖는 카드가 많은 데 비해, 회색은 '죽음', '은둔자', '매달린 남자', '교황'처럼 사물의 선악은 그리 쉽게 판단할 수 없다고 말하는 것 같은 카드들입니다.

'황제'의 배경은 주황색처럼 보이지만, 사실 노란색에 붉고 얇은 선이 그어져 있습니다. **나라의 정점에 서기 위해서는 태양 같은 밝음뿐만 아니라 피비린내 나는 붉은색도 따라다닌다고 생각하면 흥미롭습니다.**

이처럼 배경색에서도 여러 이미지를 읽어낼 수 있습니다.

마이너
아르카나는
'서로 엮어서'
읽어내자

마이너 아르카나의 세계에 오신 것을 환영합니다

Chapter 2에서는 바보의 이야기를 통해 22장의 메이저 아르카나가 품은 타로 이야기를 이해하기 위해 도전했습니다. 각각의 캐릭터와 개념을 이미지화하는 것이 리딩에서 가장 중요하다는 점을 어렴풋하게라도 느끼셨다면 정말 기쁠 것 같네요!

그럼, 이번 장에서는 '마이너 아르카나'에 대해 알아볼까요?

마이너 아르카나는 전부 56장이나 되는데 이 카드들을 모두 이해하고 외우기란 너무나도 어려운 일입니다.

메이저 아르카나는 한 장, 한 장의 의미가 강하고, 한 장만으로도 충분히 상징성을 가지지만, 마이너 아르카나는 네 가지 속성의 의미와 그 '흐름'을 파악하는 것이 매우 중요합니다. 이 장에서는 그 의미와 흐름을 파악하는 방법을 알려드리고자 합니다.

서로 엮어서 읽어내기

56장의 마이너 아르카나를 다 외울 필요는 없습니다! 몇 번이나 다시 말하지만, 카드의 의미를 통으로 외워서는 오히려 심도 있는 리딩이 어렵기 때문입니다. 다만, 기본 중의 기본으로서 마이너 아르카나가 다음 요소로 구성되어 있다는 점만 이해하면 됩니다. 이것만 이해한다면 그다음에는 '서로 엮기(점과 선)'를 통해서 정말 쉽게 해석할 수 있습니다!

마이너 아르카나의 구성요소

'네 개의 속성(4대 원소)'으로 나뉘는데, 그 안에 각각 1~10까지의 숫자 카드(핍 카드), 4장의 궁정 카드(코트 카드/페이지·나이트·퀸·킹)가 있습니다.

4개의 속성

- **완드/Wands(지팡이·불)** : 불은 행동·에너지·자신감·남성성·시작의 충동· 의욕을 의미합니다.
- **펜타클/Pentacles(동전·땅)** : 땅(흙)은 견실함·안정·육성·자연·일·육체·물질 적인 축복·소유물·돈을 의미합니다.
- **소드/Swords(검·바람)** : 바람(공기)은 지성·전략·변화·갈등·공정과 부정·냉 정함·지적 활동을 의미합니다.
- **컵/Cups(잔·물)** : 물은 애정·가족·감정·직감·여성성·상상력·인간관계·행 복·슬픔을 의미합니다.

숫자 카드의 해석 방법

1에서 10까지의 숫자 카드는 4대 원소 각각의 이미지와 숫자가 가지는 흐름 을 조합한다면 한 장, 한 장 외우지 않아도 이미지로 떠올리기 쉬워집니다.

4대 원소와 숫자 카드를 한눈에 보기 좋게 정리한 다음 페이지의 도표를 참 고해 주세요.

숫자 카드 (핍 카드) 편

	1	2	3	4

완드 (지팡이·불)
행동 / 에너지 / 자신감 /
남성성 / 시작의 충동 / 의욕

펜타클 (동전·땅)
견실함 / 안정 / 육성 /
자연 / 일 / 육체 /
물질적인 축복 / 소유물 / 돈

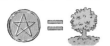

소드 (검·바람)
지성 / 전략 / 변화 / 갈등 /
공정과 부정 / 냉정함 /
지적 활동

컵 (잔·물)
애정 / 가족 / 감정 / 직감 /
여성성 / 상상력 /
인간관계 / 행복 / 슬픔

시작 / 잠재력

1은 모든 에너지가
생겨나는 순간

선택 / 분열

두 개의 사건이 있을
때, 선택과 분열이 생
겨난다

개화 / 안정

3은 삼각형. 면을 이
루어 안정된 상태가
생겨난다

정착 / 수호

안정된 상태를 지키
려는 태도와 안정이
계속되는 상태를 의
미한다

'원소'와 '숫자의 흐름'을 포착하는 것이 중요!

5	6	7	8	9	10

파괴 / 곤란	극복 / 조화	계속 / 쇠퇴	경과 / 행동	준비 / 완성직전	완성 / 과잉
4에서 지켜지던 것도 언젠가는 파괴되어 곤란한 상황을 맞는다	5에서의 파괴를 극복하고, 다시 한번 조화를 이룬 상태로	조화를 유지하는 상태에서 쇠퇴 혹은 번영의 길로 갈린다	착실하게 상황이 진행되는 카드와 정체하는 카드로 나뉜다	완성되기 일보 직전. 어떤 결과가 기다리고 있을까?	모든 것의 종착점. 모든 것은 흘러가는 대로

궁정 카드(코트 카드) 편

궁정 카드는 인물을 이미지화하는 것이 중요합니다. 궁정 카드도 각 원소의 이미지와 조합하면 카드 각각의 이미지를 파악하기가 쉬워집니다.

숫자 카드와 마찬가지로 4대 원소와 궁정 카드를 한눈에 보기 좋게 정리한 다음의 도표를 참고해 주시기 바랍니다.

마이너 아르카나는 숫자 카드의 경우 4개 속성(완드·펜타클·소드·컵)의 이미지와 숫자가 가진 흐름을 조합해 한 장, 한 장의 의미를 암기하지 않아도 카드를 해석할 수 있었습니다. 궁정 카드도 마찬가지로 4개의 속성과 각각의 인물 이미지를 조합한 리딩이 가능합니다.

카드 자체의 의미를 그대로 외우기만 해서는 깊이 있는 리딩이 어려워지므로 꼭 이 표를 참고하여 마이너 아르카나는 '속성×숫자', '속성×궁정 인물'로 엮어서 흐름을 이해해 봅시다.

'인물'을 이미지화하는 것이 중요!

 페이지 나이트 퀸 킹

완드 [지팡이·불]

KING

행동 /
에너지 /
자신감 / 남성성 /
시작의 충동 /
의욕

펜타클 [동전·땅]

PAGE

견실함 / 안정 /
육성 / 자연 /
일 / 육체 /
물질적인 축복 /
소유물 / 돈

소드 [검·바람]

KNIGHT

지성 / 전략 /
변화 / 갈등 /
공정과 부정 /
냉정함 /
지적 활동

컵 [잔·물]

QUEEN

애정 / 가족 /
감정 / 직감 /
여성성 / 상상력 /
인간관계 /
행복 / 슬픔

견습 / 미숙	젊음 / 용감함	여성성 / 수호	남성성 / 책임
어린이~청년 시기	청년~성인 시기	성인~중년 시기	성인~완숙기
시작, 가능성, 유아성	도전, 활동, 열정	안정, 지지, 여성으로서의 최고위	완성, 지도자, 풍부한 경험

한눈에 보는
마이너 아르카나 조합표의
실제 해석 사례

—— 속성과 숫자를 조합하여 확장해 가는 마이너 아르카나의 리딩 방법 ——

숫 자 카 드 편

Q 새로운 음식점을 개업하려고 합니다.
어떻게 해야 잘 될까요?

A 숫자 카드 '1'이 나왔네요. 1은 시작을 나타내는 숫자인데 정방
향으로 나온 것으로 보아 잘될 가능성이 높습니다. 그럼, 각 속
성의 의미와 맞춰볼까요?

  × **1** 불같은 기운이 있어서 의욕적으로 시작한다면
잘될 것으로 보입니다.

  × **1** 직원 교육을 확실하게 하는 한편,
자금에 여유를 두고 시작해 봅시다.

  × **1** 제대로 계획과 전략을 세운 다음
원칙을 정해서 시작하면 괜찮습니다.

  × **1** 고객을 우선하는 꼼꼼한 서비스에
신경을 쓴다면 잘될 것 같습니다.

궁 정 카 드 편

Q 관심이 가는 사람이 있는데요.
그 사람은 어떤 성격일까요?

A 정방향의 기사 카드가 나온 것으로 보아 훌륭한 청년임을 알
수 있겠네요. 각각의 속성을 엮어서 어떤 사람인지 자세히
알아볼까요?

      똑똑하고 열정적인
청년으로 보입니다.

   전략을 겸비한 성실하고
정직한 청년으로 보입니다.

   냉정하면서 추진력과 행동력이
있는 청년으로 보입니다.

   공정하고 친절한
청년으로 보입니다.

74~79쪽의 예시처럼 세로와 가로를 엮어서 해석하면 됩니다. 각각
의 키워드를 보고 싶다면 권말의 '마이너 아르카나 키워드 조견표'
를 참고해 주세요.

스스로
점 보기!

타로는 스스로 점을 볼 수 있어서 재밌다

이제 스스로 점을 볼 시간입니다!

Chapter 1에서도 말했다시피, 점을 보는 대표적인 순서는 '카드를 섞고, 세 묶음으로 나누고, 펼치고, 고른다'뿐입니다. 자신에게 와 닿는 방식으로 점을 보는 것이 중요하기 때문에, 미미코 스타일에서는 이 순서를 반드시 고수하지 않지만, 우선은 여러분이 시작하기 쉽도록 대표적인 방법을 소개하겠습니다.

타로 점의 기본 중 기본

1. 섞기

카드를 섞고 괜찮다고 생각하는 시점에 섞기를 멈춘다. 섞는 방법은 자유롭게!

2. 하나의 묶음으로 정리한 다음, 원하는 분량만큼 세 개의 묶음으로 나누기

※ 누군가의 점을 봐 줄 때는 세 개로 나누는 작업을 점을 보는 대상이 하도록 한다.

3. 나눈 세 개의 묶음을 원하는 순서대로 한데 합치기

※ 누군가의 점을 봐 줄 때는 한데 합치는 작업을 점을 보는 대상이 하도록 한다.

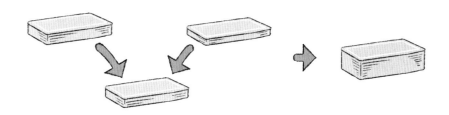

'1장 뽑기'부터 도전

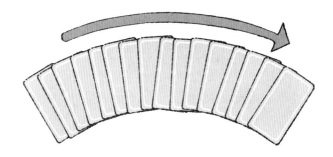

점을 보는 방법 중에 카드를 전부 펼쳐 놓고 마음에 드는 카드 1장을 뽑아서 그 카드로부터 답을 도출하는 방법을 '1장 뽑기'라고 합니다. 이 외에도 정해진 위치에 카드를 놓아 각 위치의 의미를 바탕으로 점을 치는 '스프레드(전개)법'이

있습니다. 스프레드법에 비해 1장 뽑기는 점치고 싶은 내용을 그 자리에서 바로 확인할 수 있어서 편리합니다.

　1장 뽑기에서는 준비한 카드 묶음을 앞 페이지의 그림처럼 부채꼴 모양으로 펼쳐 놓고 궁금한 내용을 생각하면서 마음에 드는 카드 1장을 뽑습니다. 그리고 그 카드의 의미를 해석하면 됩니다.

1장 뽑기에서 핵심은 '질문하기'입니다.

　애매하게 질문하면 대답도 두루뭉술하게 돌아옵니다.

　예를 들면 "A와 B 둘 중에 누구와 사귀면 좋을까요?"라고 물어보면 뽑은 카드 자체로는 대답이 어느 쪽을 가리키는지 알 수 없을 가능성이 있습니다. 그러므로 "A와 사귀는 경우"와 "B와 사귀는 경우"로 나눠 카드를 뽑는다면 결과가 어떻든 잘못된 결과는 나오지 않게 됩니다.

　이처럼 **카드에 질문할 때는 구체적으로 묻는 것이 중요합니다.**

1장 뽑기로 답을 모르겠다면, 1장 더 뽑기

　1장만 뽑아서는 도무지 답을 알 수 없는 경우가 있습니다.

　위처럼 A와 B를 상대로 각각의 카드를 뽑았는데 어느 쪽의 결과도 나쁘지 않았다면 "이 둘 말고 다른 사람은?"이라든지, 그 둘에 관한 질문을 포기할 수 없다면 "A랑 B랑 오래 사귀려면 어떻게 해야 할까요?"라고 물어봅시다.

　질문에 변화를 주면서 카드에게 힌트를 얻는 것도 가능합니다.

미미코는 이렇게 읽는다!
실제 리딩 사례

이제부터는 상황별 실제 리딩 사례를 다뤄보겠습니다. 카드는 이렇게 상냥하기도 하지만, 때로는 냉정하고 독특하기도 합니다.

[연애 편] 세상의 상식에 얽매이지 않고, 카드 결과를 믿고 따랐던 그녀가 손에 넣은 것은?

귀여운 20대 여성 상담자의 사례입니다.

미인이라 다가오는 남자가 많다 보니 연애 주기가 짧은 편인데, 때로는 한 달도 안 돼서 다음 상대의 상담을 할 정도로 연애 경험이 많은 상담자입니다.

너무 인기가 많아도 고민인 것이, 조금이라도 마음에 걸리는 점이 있으면 바로 헤어져 버리는 패턴을 반복하고 있었죠.

그런 그녀가 처음으로 먼저 사랑에 빠졌습니다!

상대는 무명 배우였습니다. 경제적 능력이 거의 없어서 상담자가 생활 전반에 걸쳐 재정적으로 도움을 주고 있는 상태로, 속된 말로 여자에게 빨대 꽂은 남자였습니다.

매번 상담하러 올 때마다 내용이 심각해서 점술사로서가 아니라 한 개인으로서 '빨리 헤어지는 편이 행복해지는 방법이 아닐까?'라고 생각했지만, 점을 볼 때마다 계속 애정을 쏟는다는 암시를 가리키는 정방향의 '여황제'라든지, 계속 도전하여 승리하는 정방향의 '전차' 등의 카드가 나왔습니다. 카드는 이 사람과 교제를 계속 이어 가라고 말하고 있었습니다. 달리 말해, 헤어지는 편이 좋다는 결과가 좀처럼 나오지 않았습니다.

보통 이러한 연애는 얼른 손 떼는 편이 좋다고 생각하지요.

하지만 리딩을 하면, 점술사의 개인적인 생각이나 세상의 상식과는 다른 답이 종종 나옵니다.

리딩을 할 때는 개인의 견해를 섞지 않고 카드가 말하는 바를 그대로 전달합니다. 경험상, 개인의 견해가 개입하면 리딩이 아예 다른 방향으로 가는 경우가 많습니다.

그래서 상담자에게 아직은 그 관계를 이어 가는 게 좋겠다는 조언을 건넸습니다.

그 리딩이 있고 한참 지난 어느 날 상담을 하던 중 상담자가 갑자기 이렇게 말하더군요.

"미미코 씨, 저 엄청난 아이템을 손에 넣었어요!"

"그래? 어떤 아이템?"

이렇게 묻자 돌아온 답은 다음과 같았습니다.

"보살의 마음♡"

순간 배를 잡고 웃어버렸습니다.

"엄청난 걸 얻었네"라며 점을 보자, 정말 어이없게도 관계의 끝을 알리는 정방향의 '죽음' 카드가 나왔습니다. 그렇게나 헤어지지 말라고 하던 카드가 "그 사람과 헤어지는 게 어때?"라는 결과를 낸 것입니다.

자신의 마음에 들지 않는 상대는 바로바로 끊어내던 상담자는 처음으로 자기가 먼저 좋아하게 되었던 그 연애를 통해 상대에게 최선을 다하는 법을 배웠습니다. 결국 '보살의 마음'마저 얻고 말았습니다.

그러한 자기 수양이 끝나고 나서야 제비 같은 남자친구와는 '헤어지는 게 어때?'라고 카드가 말을 걸어오네요.

　상담자와 남자친구의 관계만 두고 보면, 미래가 없는, 무의미한 만남이었다고 생각할 수 있습니다. 하지만 시점을 바꿔 달리 보면, 그 남자친구와의 관계는 커다란 배움이 되어 상담자를 엄청나게 성장시켰습니다.

　그 후 두 사람이 어떻게 되었는지는 비밀입니다만, 그녀의 연애관은 확실히 좋은 방향으로 발전해서 지금은 행복한 결혼 생활을 하고 있습니다.

[인간관계 편] 상사의 갑질에 고민하던 상담자. 하지만 카드는 다른 말을?

한창 열심히 일하는 30대 여성 상담자의 이야기입니다.

이 상담자는 세상이 끝난 듯한 어두운 얼굴로 점을 보러 왔습니다. 상담 내용은 바로 상사의 갑질. 같은 팀 내에서 자신에게만 유독 심하게 말하고, 어려운 요구만 한다고 했습니다. 이런 상황에 지쳐 회사를 그만둬야 할지 묻기 위해 온 것이었죠.

먼저 상사와의 관계성을 살펴보았는데, 아랫사람을 높은 곳으로 이끄는 사명을 가리키는 정방향의 '교황' 카드가 나왔습니다. 그만두지 않고 계속 회사에 다닌다면 어떻게 될지 추가로 카드를 뽑아보자, 승리를 의미하는 정방향의 '완드 6'이 나왔습니다. 그렇다면 지금 상황이 어떤 상황인지 카드에게 더 물어보니 표현이나 의사소통이 서투른 역방향의 '컵 페이지' 등이 나왔습니다. 카드에 따르면 사실 이 상사는 표현이 괴팍하고 서툴러서 그녀를 특별하게 대한다는 것이 엉뚱한 모습으로 표현된 것이었습니다.

그 결과를 상담자에게 그대로 전달하자, 지금의 정신 상태로는 도저히 그렇게 생각할 수 없다고 했습니다. 그럴 수밖에 없다고 생각하고 다음과 같이 조언했습니다.

"그럼, 내일부터 일주일만이라도 좋으니 상사가 나를 눈여겨보고 있을지도 모른다는 가정하에 지내봅시다. 그런데도 괴롭힘처럼 느껴진다면 회사를 그만두는 방향으로 생각해 보는 건 어떨까요?"

상담자도 일주일 정도면 괜찮다고 생각하는 듯했습니다. 만약 도저히 못 버티겠는 경우에는 퇴사한다는 시나리오의 점도 함께 보았습니다. 이렇게 두 경우의 점괘를 받아 든 상담자는 집으로 돌아갔습니다.

　6개월 후, 상담자는 다시 점을 보러 왔고, 그 당시 고민이 어떻게 되었는지 이야기해 주었습니다.

　상담자는 점을 본 다음 날부터 시각을 바꿔 회사에 나갔고, 일주일만 순순하게 상사가 말한 대로 했다고 합니다. 자신을 생각해서 잔소리하는 것이라고 억지로 생각을 다잡으면서 정신없이 일을 했더니 상사는 물론 팀이나 부서를 넘어 여러 사람에게 좋은 평가를 받았다고 합니다.

이를 계기로 잠들어 있던 재능이 깨어나 자신감이 붙었다고 했습니다. 그리고 6개월 후에는 회사 전체에 자신의 이름이 다 알려지게 되었다네요.

그 상사의 말에는 '확실히 그러고 보니…'라고 생각하게 되는 부분도 있긴 한데, 여전히 말하는 방식이 과격해서 지금도 그 상사는 싫어한다고 하네요(웃음).

"내일 뽑으면 또 다른 카드가 나오는 거 아닌가요?"라고 자주 질문을 받습니다.

확실히 그렇긴 합니다. 하지만 바뀌는 것이 당연합니다.

이번 상담자는 타로 점을 보기 전에는 상사에게 갑질을 당한다고 생각했습니다. 하지만 카드에게 지적받고, 다음 날부터 '상사의 기대 때문에 갑질을 당하고 있는 걸지도 몰라'라고 생각을 바꾸었습니다.

고작 하루가 지났을 뿐입니다. 당연히 상황과 환경이 갑자기 하루 만에 바뀌는 일도 있습니다만, 상담자의 생각이 바뀌면 나오는 카드도 바뀝니다. 그 생각의 차이가 점의 결과에도 반영됩니다.

이 사례는 잘 풀린 경우입니다. 반대로 아무리 본인이 노력해도 상대가 진심으로 괴롭힐 때는 역방향의 '매달린 남자' 등이 나올 때도 많고, 이 경우는 무의미한 자기희생이 되므로 그 회사는 얼른 그만두는 편이 좋다고 전하기도 합니다!

상황이 교착 상태에 빠져 있거나 해결이 어려운 경우에는 몇 번이고 다시 뽑아도 비슷한 카드가 나옵니다.

[사업 편] 점의 결과를 바로 실행! 척척 맞는 호흡으로 한 단계 위로

10년째 단골인 디자이너 고객이 있습니다. 처음 만났을 때는 사업의 나아갈 방향성과 좋은 평가가 따르지 않는 것이 고민이었습니다.

첫 카드로 나온 '세계' 카드가 가리키는 내용은, 크게 도약하는 해외 시장 도전이었습니다.

이를 전달하자마자 망설이던 유럽 전시회에 도전할 의욕이 샘솟았다고 했었죠. 그 이후 잘못 누른 엘리베이터 문이 열린 곳이 유럽 전문 여행사 대리점이 있는 층이었다거나, 전시회와 연이 있는 인맥이 갑자기 늘어났다거나, 필요한 정보가 계속 모여들었다고 합니다.

사실 사업과 점의 관계에서 명심할 사항은 고객과 점술사의 관계를 이인삼각이라고 생각해야 한다는 점입니다.

예를 들어, "당신의 기회는 해외에 있습니다!"라는 말을 느닷없이 들었을 때 바로 행동할 수 있는 사람과 그렇지 않은 사람으로 나뉘지요.

이 고객은 전자에 해당하는데, 점의 결과를 진지하게 받아들여 곧바로 실행에 옮겼습니다.

덧붙여 말하자면, 타이밍이라든지 그 사람의 페이스가 있으므로 점에서 나온 결과를 모두 바로 행동으로 옮겨야 한다는 말은 아닙니다.

다만, 결과에 대해 **촉각을 곤두세우고 거기서 느낀 것을 바로 실행으로 옮기는 습관이 든 사람은 사업에서도 점을 잘 활용해 좋은 결과를 낸다고 느꼈습니다.**

특히 오랫동안 점을 보아 온 고객과는 호흡이 척척 맞아 카드가 말하는 바를 서로 정확하게 파악할 수 있는 정도까지 이르렀다고 느낄 때가 많습니다.

예를 들어, "이 프로젝트는 이대로 진행하는 건 어때?"라는 질문에 역방향의 '운명의 수레바퀴'가 나왔습니다. 이는 순조롭던 흐름이 급격히 나쁜 방향으로 변화하기 시작한다는 내용이므로 "이 상태로 계속하면 암초에 걸린다는 암시가 나왔습니다"라고 전달했습니다. 그런데 그러자마자 "미미코 씨, 잠깐만. 회의 소집 좀 할게"라고 그 자리에서 바로 회사에 전화할 정도로 빠르게 대응한 경우도 있었습니다.

이렇게 되면, 점이 속도를 높이기 때문에 결과도 빨리 따라옵니다.

특별한 사정이 없는 한. 기본적으로는 점의 내용을 전달하는 것까지가 점술사의 일입니다. 이후의 행동은 고객의 몫이지요.

그러므로 신뢰 관계를 쌓는 것이 굉장히 중요합니다. 그렇게 신뢰를 쌓아 온 결과, 이 디자이너는 몇 년이 지난 지금, 세계적인 디자인상을 받는 등 전 세계를 무대로 활약 중입니다.

점을 통해 사람이 성장하는 모습을 보는 것이 가능하다는 것은 점을 보는 큰 기쁨 중 하나입니다.

맺 음 말

타로 점은 행복의 길잡이

점술사는 점괘를 맞추는 것이 당연하게 요구되는 직업인 것이 사실입니다.

점술사로서 객관적으로 바라봤을 때, 각 분야에서 성공한 사람들은 점의 결과를 중요하게 여기는 사람이 많습니다. 그리고 점의 결과를 자기 나름대로 검증한 뒤 현실에 곧바로 반영하므로 점의 응답도 빨라져서 결국 점이 맞는 결과로 이어지는 원리가 존재합니다.

물론 노력과는 별개로 운명적인 만남이나 기적 같은 사례가 있기도 하지만, 어떤 경우든 **타로 점은 고객이 원하는 행복으로 안내하는 길잡이**라고 생각합니다.

"미미코 씨의 점이 맞았어요!"라고 말하는 고객에게 제가 전하고 싶은 말이 있습니다. **"그건 다 당신이 타로 점의 결과를 무시하지 않고 적용하려고 시도했기 때문이에요!"** 타로는 정말 세세하고 강력하게 그 방향성을 제시하기 때문에 그것을 그대로 확실하게 전달하고, 고객에게 의욕을 불어넣는 것까지가 점술사인 저의 역할입니다.

'타로카드는 상냥하다', 그 의미는?

오랜 기간 알고 지낸 고객의 사례를 소개해 보겠습니다.

어떤 고민에 대해 몇 번씩이나 카드가 나아갈 방향을 암시했는데도 고객의 생각이 바뀌지 않아 계속 같은 답이 나온 적이 있습니다. 그리고 아무 대처도 하지 않아 상황은 더욱 나빠질 뿐이었습니다. 궁지에 몰린 어느 날, 모든 카드에서 나쁜 결과만 나왔습니다.

저는 "지금까지 몇 번이나 기회가 있었는데 귀담아듣지 않았네요. 더는 좋아지기가 어려우니 이 안건은 포기하는 편이 좋아요"라고 카드의 결과를 전했습니다.

그러자 그 고객은 화를 내며 돌아갔습니다. 더는 관계를 유지하기 어려워졌다는 사실에 쓸쓸함을 느꼈습니다. 그런데 이 점은 몇 개월 후 재밌는 결과로 돌아왔습니다.

겹치는 지인의 말에 따르면, 그 고객은 포기하는 편이 좋다고 한 일을 분하게 여겨 죽을힘을 다해 노력했고, 그 결과 일이 잘 풀리게 되었다는 것을 알게 되었습니다.

그때 저는 카드의 상냥함에 감동했습니다.

모든 카드를 안 좋게 내놓아서 이 안건은 포기하는 것이 좋겠다고 했던 일이, 결과적으로 그 고객을 구하는 결과가 된 것이지요. 카드가 손을 놓은 것이 아니라 이 방법밖에 없었기 때문에 최후의 수단으로 그랬다는 것을 직감했습니다.

점은 '맞느냐 안 맞느냐'뿐만 아니라 행복해지기 위해서 사용한다고 말했었는데, 이 말에 딱 맞는 사례가 이 고객의 사연이라고 생각합니다.

이 고객의 입장에서는 제 점이 '맞지 않았습니다'. 그렇지만 오해를 두려워 하지 않고 말하자면, 그 결과야 어떻든 그 사람에게 있어서 점이 맞지 않은 것이 결과적으로 행복으로 이어진 것이지요.

이 책은 타로 점을 설명하는 책이지만, 실제로 일어난 사례를 통해 타로가 전하는 심오함을 이야기해 보고 싶었습니다.

타로 점에 관해서는 여기에 다 담을 수 없는 드라마 같은 사연이 정말 많이 있습니다. 앞으로 타로의 세계에 들어설 여러분에게도 경이로움을 불러일으키는 점괘 결과가 기다리고 있으리라 생각합니다. 부디 타로 점을 마음껏 즐기시길 바랍니다.

'메이저 아르카나' 키워드 조견표

정방향

⓪	**The Fool** [바보]		마음 편한 도전 / 왕성한 호기심 / 모험심 / 무아지경 / 용기 있는 한 걸음 / 자유로운 마음 / 완전히 새로운 발상 / 기존에서 탈출 / 어리석은 척하는 엉뚱한 사람 / 자연스럽게 스며듦 / 백지 상태에서 시작
①	**The Magician** [마법사]		재능 덩어리 / 기능이 향상됨 / 독창적이고 개성 있음 / 유연한 대응이 가능함 / 전도유망함 / 행동을 불러일으킴 / 연락이 닿음(연락해야 함) / 멀티태스킹 / 가장 앞에 서는 리더십 / 창의적이고 세련됨 / 새로운 출발!
②	**The High Priestess** [여사제]		진리 / 이성적인 판단과 행동 / 양식(良識) / 영감과 정신 / 금욕적 / 처녀성 / 영감 / 전화나 문자 / 지적(知的) / 합리적으로 나아감 / 이치에 맞는 예측이 섬 / 인스피레이션 / 보수적 / 숨겨진 진실 / 성지 순례 / 왕언니
③	**The Empress** [여왕제]		행운 / 성공 / 결혼 / 여성으로서의 행복 / 가정적 / 부모 자식 / 임신 / 평온함 / 매료 / 취미 / 배우는 일 / 멋스러움 / 재산 / 동정심 / 인기 / 의식주나 심신의 균형이 잡힘 / 마음이 풍요로움 / 상냥함과 감사 / 모성 / 결혼 적령기의 여성
④	**The Emperor** [왕제]		카리스마 넘침 / 능력이 뛰어남 / 실행력 / 자기 생각을 관철함 / 경쟁자를 이김 / 활동적 / 금전운이 좋음 / 물질적인 만족 / 활동적 / 승리함 / 구체적인 비전이 세워짐 / 지식인과 만남 / 넘치는 열정 / 리더십 / 자신감이 충만함 / 사장
⑤	**The Hierophant** [교황]		신앙 / 교양 / 경험 / 지도력 / 조언자 / 축복받은 결혼 / 자비 / 많은 사람이나 친구 / 신중 / 의리가 깊음 / 사람이 많음 / 공식적 / 윗사람이나 배려로 앞날이 열림 / 전통을 지킴 / 성의가 있음
⑥	**The Lovers** [연인]		연애 / 사랑의 예감 / 선택 / 공동으로 하는 것 / 선택해야 할 때 / 직감적인 판단 / 외교 / 동정 / 조화 / 호기심 / 양면성 / 갈림길에 섬 / 선택도 할 수 있음 / 단기간 여행 / 우호 · 협력적인 관계 / SNS로 연락해 봄 / 의사소통
⑦	**The Chariot** [전차]		극복 / 열심히 해야 할 때 / 향상심 / 관대함 / 성공 / 발전 / 뒤쫓음 / 해외 진출 / 다른 세계를 향한 출발 / 행동 범위가 넓어짐 / 자립심 / 집을 나옴 / 자동차나 이동수단 전반 / 점점 앞으로 나아감 / 새로운 세계를 향한 도전 / 행동하면 길이 열림
⑧	**Strength** [힘]		이성이나 감성과 본능의 균형 / 신중함과 대담함의 균형 / 발전함 / 독립독보 / 성실 / 결과를 얻을 수 있음 / 쾌활하고 건강한 상태 / 행동력 / 기적 / 용기 / 절호의 기회 / 상냥함의 힘 / 동조하는 힘 / 보이지 않는 힘 / 만남의 기적
⑨	**The Hermit** [은둔자]		이론적 / 이지적 / 기지 / 자신을 차분히 바라봄 / 처지를 앎 / 사리 분별 / 기억 / 은밀히 진행하는 계획 / 유능함 / 숨겨졌던 일을 눈치챔 / 차분함 / 고독을 좋아함
⑩	**Wheel of Fortune** [운명의 수레바퀴]		상황이 호전됨 / 갑작스러운 행운 / 운이 트임 / 의외의 도움 / 굴러들어 온 호박 / 커다란 변화 / 이미지 변신 / 발명 / 운기가 바뀌는 때 / 큰 고비 / 전환기 / 로테이션 / 앞으로 좋아짐 / 좋은 바람이 불기 시작함

메이저 아르카나의 '정방향'과 '역방향' 키워드를 한눈에.
점 볼 때 참고하세요.

11	**Justice** [정의]		공정한 태도 / 평화적 / 우호적 / 온화함 / 공명정대 / 부정을 파헤침 / 법률 / 권리관계 / 권리의 행사 / 인정받는 노력 / 공평한 태도로 임함 / 이성적으로 상황에 임함 / 결착을 지음 / 좋은 매물이나 부동산 / 정의를 관철함
12	**The Hanged Man** [매달린 남자]		희생 / 인내 / 시련을 견딤 / 현재의 고생은 보상받음 / 영혼이 성장할 때 / 자기희생 / 때를 기다림 / 수면 아래에서 좋은 방향으로 계속 바뀌고 있지만 표면적으로는 아직 변화를 알 수 없는 상태 / 사서 고생하면 성공함 / 볕 들 날은 반드시 옴
13	**Death** [죽음]		고독 / 독립 / 과감한 대혁명 / 시련 / 인내 / 감동이 없음 / 정지 / 완전한 정지 상태 / 이러지도 저러지도 못함 / 리셋 / 죽음과 재생 / 영원 / 무한 루프 / 버리고 새로운 것을 손에 넣음 / 다음에 가는 편이 호전함
14	**Temperance** [절제]		완벽한 균형 / 순응함 / 감수성 / 온화함 / 변통 / 중용 / 임기응변 / 향상 / 검약함 / 평온하게 조화를 이룸 / 새로운 발견이 있음 / 가정에 새로운 일이 있음 / 충분함 / 조정 / 중화 / 차분한 공간 / 한 단계 위의 편안함
15	**The Devil** [악마]		계산적 / 야심 / 권력 / 유혹에 약함 / 해이함 / 이기주의 / 속박 / 향상심의 결여 / 태만 / 타락 / 칠칠치 못함 / 기회를 놓침 / 출구가 보이지 않음 / 악순환 / 위험한 사상 / 폭력적 / 다른 사람을 속임 / 세뇌 / 지배력 / 찰나의 삶
16	**The Tower** [탑]		사고 / 다툼 / 문제 상황 / 개혁 / 쇄신 / 모든 것이 물거품이 됨 / 무리한 나머지 한계를 넘음 / 반강제적인 가치관 변화를 강요당함 / 사태의 붕괴 / 생각지도 못한 일이 벌어짐 / 위기 / 재난 / 전쟁 / 재해 / 폭락
17	**The Star** [별]		희망 / 이상 / 새로운 발견 / 가치의 발견 / 시야가 넓어짐 / 편해짐 / 희망이 보임 / 목표가 보이기 시작함 / 순조로움 / 아름다워짐 / 희망을 향해 달리기 시작함 / 시간은 걸리지만 성공함 / 반짝반짝 빛나는 나날 / 아름다운 순환 / 청초
18	**The Moon** [달]		불안 / 불만 / 불신감 / 불규칙 / 속음 / 거짓말 / 배신 / 결단력이 없음 / 촉이 발동하지 않음 / 막연한 불안 / 이쪽이 움직여도 결과가 나오지 않음 / 영, 신앙, 선조, 무덤 등과 관련된 일 / 가정 내 불화 / 시간을 거쳐 쇠퇴함
19	**The Sun** [태양]		즐거움 / 활력이 솟아남 / 만족할 수 있음 / 축복받음 / 정력적 / 용기 / 건전 / 진보적 / 공적(公的) / 일사천리로 행동함 / 상쾌함 / 결과가 나옴 / 도움을 받음 / 새롭게 시작함 / 순풍이 붊 / 성공 / 명성 / 유명해짐 / 스타가 됨
20	**Judgemen** [심판]		부활 / 재생 / 끊긴 인연이 다시 이어짐 / 기회가 찾아옴 / 보상받음 / 포기했던 일이 다시 한번 빛을 봄 / 노력이 결국 보상받음 / 정신적으로 성장함 / 각성할 때 / 최후의 심판 / 결정적인 순간 / 시류에 올라타야 함 / 신의 계시
21	**The World** [세계]		완성함 / 만족함 / 행운이 따름 / 도를 깨우침 / 완벽한 타이밍 / 최고조 / 하나의 완성을 봄 / 완벽 / 기록이나 목적을 달성할 수 있음 / 멀리 감 / 여행이나 이동을 하면 좋음 / 병이 나음 / 하나 위의 차원으로 감

역방향

⓪	**The Fool** [바보]		천박한 생각 / 충동적인 어리석은 행동 / 돈을 마구 씀 / 낭비벽 / 무모한 행동 / 착실하지 않은 바보 / 목적의식이 전혀 없음 / 칠칠치 못함 / 목표를 찾지 못함
①	**The Magician** [마법사]		어떤 아이디어도 없는 창조성이 결여된 생각 / 행동할 수 없음 / 기회를 놓침 / 재능 없음 / 그릇된 생각 / 교활함 / 싫증을 잘 냄 / 마무리하지 않은 채 끝남 / 연락이 되지 않음 / 머리가 맑아지지 않음
②	**The High Priestess** [여사제]		몰이해 / 불공평 / 감정적 / 사려 깊지 못함 / 분별이 없음 / 이론뿐인 지식 / 차가운 인상 / 배신 / 이기적 / 신경과민 / 변덕 / 허세를 부림 / 신경질 냄 / 눈치 없는 사람이나 발언 / 완고함
③	**The Empress** [여왕제]		과보호 / 분별없이 귀여워함 / 흘러가는 애정 / 허영심 / 문제가 복잡해짐 / 물욕에 기울어짐 / 가정 내 문제 상황 / 허세 / 호색 / 게으름 / 돈을 너무 씀 / 외관에 치우침 / 팔방미인 / 모친에게 휘둘림
④	**The Emperor** [왕제]		오만 / 자기 멋대로 / 다른 사람의 의견을 듣지 않음 / 자신감 상실 / 반성이 없음 / 독선 / 물욕이나 욕정에 휩쓸림 / 도박에서 짐 / 폭력적 / 충동적 / 경제적으로 어려워짐 / 겉보기만 / 거만한 사람
⑤	**The Hierophant** [교황]		쓸데없는 참견 / 느슨한 생활 / 무관심 / 사치 / 태만 / 허세 / 허영심 / 고립무원 / 윗사람 복이 없음 / 감동이 없음 / 둔감 / 자기 멋대로 / 지나치게 진지함 / 다른 사람에게 상냥하지 않음 / 교활함
⑥	**The Lovers** [연인]		결단을 내릴 수 없음 / 지나친 간섭 / 애매해서 진전이 없음 / 집중력이 없어짐 / 배신 / 이별 / 짜증 냄 / 쾌락주의 / 잘못된 선택 / 싫증을 잘 냄 / 바람기 / 조직에서 탈퇴 / 쓸데없는 한마디 / SNS 구설 주의
⑦	**The Chariot** [전차]		무관심 / 자신감 과잉 / 건강을 챙기지 않음 / 무책임 / 현실감각이 무름 / 자립심이 부족함 / 움직임이 멈춤 / 강압에서 발생하는 인재 / 너무 앞서감 / 행동이나 생각을 고침 / 준비 부족 / 도전할 때가 아님 / 시기의 문제
⑧	**Strength** [힘]		불운 / 과신 / 허세 / 무기력 / 태만 / 권력의 남용 / 능력을 살리지 못함 / 모함 / 내기에 실패함 / 역경 / 고난 / 진정되지 않음 / 누구도 믿을 수 없음 / 무딘 칼 / 목표를 찾지 못함 / 좌절함
⑨	**The Hermit** [은둔자]		완고 / 의심이 깊음 / 괴짜 / 신경과민 / 잔걱정이 많음 / 친구가 없음 / 은둔함 / 불통 / 여러 가지로 걱정함 / 연락이나 문장의 실수 / 갇혀 있음 / 완고해짐 / 권력의 불균형 / 고집 센 늙은이 / 형식에 지나치게 얽매임
⑩	**Wheel of Fortune** [운명의 수레바퀴]		불운 / 쇠퇴하는 운기 / 타개책이 없는 상태 / 어쩔 도리 없이 시간만 감 / 반역자나 혁명가가 나타남 / 괴로워짐 / 바뀔 수 없음 / 급격히 나빠지는 변화 / 근본적인 개혁을 하지 못한 채 계속함

11	**Justice** [정의]		불공평 / 불만이 쌓임 / 건강을 챙기지 않음 / 치사한 행동을 함 / 실망 / 차가움 / 냉철한 판단 / 서류나 법률상의 실수로 문제가 발생함 / 공평하게 다뤄지지 않음 / 결착 지어지지 않음 / 패소 / 사람의 도리에 어긋남 / 인덕이 없음
12	**The Hanged Man** [매달린 남자]		아무 의미 없이 끝나는 노력 / 고생이 보상받지 못함 / 성장하지 않음 / 이점이 없음 / 자기중심적 / 배우고 싶어도 배울 수 없는 상황 / 헛수고 / 깔끔하게 포기하는 것이 좋음 / 원하던 바와 다른 방향으로 감 / 가망 없는 일을 단념할 때
13	**Death** [죽음]		한번 끝을 맞이함 / 재생의 시기 / 재기 / 일보 직전에 부활함 / 다시 태어남 / 재생 / 멈춰 있던 상태가 해제됨 / 상황이 다시 움직임을 보임 / 내면적인 결심이 섬 / 되돌아감 / 포기했던 일이 부활함
14	**Temperance** [절제]		변통이 원활하지 않음 / 감정적 / 충동적 / 조직 혹은 가정의 불화 / 등잔 밑이 어두움 / 경계심이 너무 강함 / 과유불급 / 불협화음 / 극단적인 상태 / 기운이 나쁨 / 동요하는 마음 / 기분이 나쁜 상태
15	**The Devil** [악마]		야심 / 권력 / 반성 / 개방됨 / 출구를 발견함 / 게으른 상태에서 벗어남 / 해방됨 / 어쩔 도리가 없는 상태에 마침표를 찍음 / 힘든 상황에서 탈출 / 세뇌에서 해방 / 범죄에서 도망침 / 이판사판 내기에 나감
16	**The Tower** [탑]		와해하는 모양 / 붕괴 일보 직전에 버팀 / 가까스로어떻게든 예측이 섬 / 구사일생 / 가장 중요한 것이 남음 / 혼자 남음 / 타협을 동반한 결과 / 아슬아슬한 상태 / 일보 직전 / 무로 돌아갈 때 / 각오 / 깔끔하게 인정함
17	**The Star** [별]		이상이 보이지 않게 됨 / 찾을 수 없는 무언가를 계속 찾음 / 현실의 가혹함 / 전망의 낙관 / 다툼이 일어남 / 긴 여정에 움츠러듦 / 절충안이 보이지 않음 / 구체성이 없음 / 비현실적인 꿈 / 인복이 없음
18	**The Moon** [달]		망설임이 사라짐 / 천천히 안정됨 / 시간에 걸쳐 호전함 / 불안이 줄어듦 / 전망이 보이며 안심됨 / 벽이 없어짐 / 되살아남 / 위험을 회피 / 서서히 드러나는 진상 / 오랫동안 잊지 못했던 사람에게 연락이 옴 / 트라우마에서 해방 / 정신적인 각성
19	**The Sun** [태양]		갑작스러운 암전 / 취소 / 낭비 / 자기 마음대로 밝힘 / 건강을 잃음 / 계획 중지 / 불운 / 갑자기 앞날이 불투명해짐 / 낭비하고 있음 / 난항 / 기분이 가라앉음 / 눈에 띄게 쇠퇴함 / 어두운 미래 / 인기가 떨어짐
20	**Judgement** [심판]		기회가 없음 / 완전한 종언 / 희망이 부서짐 / 희생만 함 / 결단 실수 / 생각한 바와 다른 방향으로 감 / 너무 커서 무모한 대상이나 목표 / 과감한 결단이 필요함 / 방향성의 결여 / 이정표가 없음 / 생각을 멈춤
21	**The World** [세계]		미완성 / 사태가 교착되어 어쩔 도리가 없음 / 혁신의 필요성 / 일이 순탄치 않음 / 진전이 없음 / 막다른 길에 다다름 / 한계를 느낌 / 성공하지만 때가 맞지 않음 / 실현되지만 때늦음 / 좀처럼 해외로 나갈 수 없음

'마이너 아르카나' 키워드 조견표

완드 [정방향]

1		활력이 넘침 / 모험의 시작 / 야망 / 모든 일의 시작 / 상상 / 탄생 / 인연
2		시작 후의 경과가 순조로움 / 지배하는 위치에 섬 / 승격 / 지도력 / 재산 / 부동산
3		성장 / 좋은 결과 / 좋은 팀워크 / 도움 되는 조언 / 실적 / 공동사업
4		계획의 성취 / 편안해지는 장소 / 조화 / 번영 / 로맨스 / 서로 좋아함 / 휴식 / 축복 / 만남
5		분쟁 / 충돌 / 말다툼 / 서로를 알아가기 위한 마찰 / 경쟁 / 의견 대립 / 절차탁마 / 마음의 갈등
6		승리 / 연애 성취 / 달성 / 경쟁에서 이김 / 협력자가 있어야 가능한 성공 / 주위의 칭찬
7		대결 / 유리한 위치에서의 방어 / 위기 상황에서 싸움 / 고군분투 / 마찰 / 방해
8		성공 / 빠르게 퍼져 감 / 해외여행 / 장애물은 없음 / 기회의 도래 / 새로운 방향
9		지금까지의 경험을 바탕으로 능숙하게 대응할 수 있음 / 병의 재발 / 헤어졌던 남녀가 다시 만남 / 지구전
10		무거운 책임 / 압박 / 다른 사람에게 일을 넘겨야 함 / 이것저것 일을 너무 벌임
페이지		정보를 모으면 좋음 / 친절한 마음이 중요 / 성실한 사람 / 신뢰할 수 있는 인물 / 잠재 능력
나이트		독립심 / 사랑이 찾아옴 / 선물을 받을 수 있음 / 용기 넘치는 행동 / 이동 혹은 이사
퀸		노력은 보상받음 / 우정이 사랑으로 변함 / 천진난만 / 총명 / 남을 잘 돌봐줌 / 여장부
킹		성의를 인정받음 / 시기심이 터져 나옴 / 열정가 / 권력자 / 든든하고 믿음직함

완드 [역방향]

1		나약함 / 역경이 많음 / 자기중심적 / 쇠퇴 / 열정이 식음 / 지나친 기획으로 망함 / 잘못된 시작
2		자신감 상실 / 속박에 대한 고뇌 / 자립할 수 없는 초조함 / 고립 / 불안
3		좀처럼 성장하지 않음 / 협력자가 없음 / 팀워크가 나쁨 / 자만심 / 정체 / 변덕
4		행복은 저 멀리 희미하게 보임 / 쓸데없음 / 여가 / 오락 / 수동적인 자세 / 낭비
5		충돌이나 고생을 피함 / 상황의 개선 / 타협점을 발견함 / 무의미한 경쟁심 / 대항전
6		패배 / 연애에서 경쟁자에게 짐 / 상대가 바람남 / 배신 / 의혹 / 자만심 / 허세
7		대결하지 않고 끝남 / 나약함 / 과감한 행동을 취할 수 없음 / 우유부단 / 철수 / 수고한 보람이 없음
8		주제넘게 참견함 / 심한 질투 / 여행은 중지 / 방향을 잃음 / 간섭이 있음 / 우유부단
9		무방비 / 과거와 같은 실패를 함 / 경솔함 / 겁쟁이 / 방심 / 너무 약해져 공격당함
10		일부러 실패함 / 무거운 짐에서 해방 / 손 뗌 / 분산 / 강한 의지
페이지		생각지 못한 문제가 발생함 / 누구에게도 말 못 하고 고생함 / 의지할 곳 없는 사람 / 눈치 없음
나이트		실망할 일이 있음 / 연인을 뺏김 / 여행 중 안전 주의 / 편견 / 단편적임
퀸		한 만큼의 보람이 있음 / 히스테릭 / 의존심이 강함 / 제멋대로인 사람 / 쓸데없는 참견
킹		의지가 되지 않는 남성 / 다른 사람의 의견을 들어서 좋은 결과를 얻음 / 방자한 사람 / 독선적임 / 공격적임 /

펜타클 [정방향]

1		계획은 성공함 / 새로운 수입 / 착실한 한 걸음 / 달성 / 기쁨 / 번영 / 성과 / 만족
2		변화에 잘 적응함 / 변통이 능수능란함 / 임기응변 / 재주가 좋음 / 뛰어난 적응 능력 / 교류
3		숙련 / 성공 / 결혼·서로 좋아함 / 정신적인 성숙 / 성실함 / 진보 / 장인의 기술 / 기능의 향상
4		안정 / 빈틈 없이 지킴 / 독점 / 물건이나 돈에 대한 집착 / 권한을 주지 않음 / 소유
5		실업 / 고독 / 외로움 / 건강하지 않음 / 소중한 마음의 지주를 잃음 / 신념을 잃음
6		당연한 보수를 받음 / 투자에 성공함 / 봉사활동 / 주는 기쁨 / 이익을 서로 나누어 가짐
7		성장을 지켜봄 / 이상과 현실을 비교함 / 어딘가 부족함을 느낌 / 현재 상태에 흥미를 잃음
8		묵묵히 한결같이 열심히 함 / 보다 높은 수입으로 이어지는 길 / 미래의 성공을 눈여겨보는 노력
9		발탁 / 자립 / 독립해서 자유를 얻음 / 출세 / 꿈의 실현 / 자신감 / 부를 얻음
10		가족의 번영 / 경제적인 안정 / 전통적인 방법과 안정 / 선조의 도움 / 저축 / 보장 / 완성
페이지		지적인 호기심으로 넘쳐남 / 사물을 진지하게 고찰함 / 근면 / 노력가 / 안정감이 있음
나이트		교칙을 지킴 / 인내심이 강해짐 / 물질적인 운이 좋아짐 / 성적이 점점 오름
퀸		재주가 많음 / 취미를 가짐 / 야무진 사람 / 포용력 / 유익함 / 옹호 / 금전운이 있는 여자
킹		돈 많은 남자 / 의지가 되는 사람 / 강력한 아군 / 성공한 사람 / 실력자 / 이목을 모음

펜타클 [역방향]

1		돈에 집착함 / 구두쇠 / 계획은 실패함 / 경제적인 불만 / 미숙 / 손실 / 분방
2		변화에 따라가지 못함 / 대인 관계의 악화 / 우왕좌왕 / 적당함 / 배신 / 결정하지 못함
3		수고를 덞 / 미숙한 기술 / 적당한 태도 / 능력을 발휘하기 싫어함 / 평범 / 추가 실험
4		빈틈이 많은 관리 / 너무 집착해서 실패함 / 지나치게 완고해서 미움받음 / 안전책이 틀어짐
5		채무 초과 / 실업 / 빈곤 / 경제적인 결핍으로 인한 혼란
6		투자는 실패함 / 불공평한 분배 / 계약 문제 / 최선을 다해도 무의미함 / 달갑지 않은 친절
7		돈에 대한 걱정 / 불만이 있어도 풀지 못함 / 노력이 보상받지 못하는 허무함
8		능력은 있는데 적당한 일을 함 / 컨닝 / 불성실 / 나쁜 짓을 해서 올라감
9		낭비함 / 자금을 잃음 / 자신감이 없어짐 / 중요한 것을 잃음 / 무효 / 효력을 잃음 / 분실
10		가족의 불화 / 자금 융통에 고생함 / 다음 단계로 나아가지 못함 / 상속 분쟁 / 불명예 / 한계
페이지		농담이 통하지 않음 / 일방적인 사랑 / 자기 생각을 강요하고 싶어 함 / 촌스러움 / 유치함 / 게으른 버릇
나이트		독선적 / 정체함 / 쉽게 망설이게 됨 / 행동이 어긋남 / 완고함 / 부주의
퀸		책임을 회피함 / 절약 정신을 발휘함 / 거짓말만 함 / 병에 걸림
킹		능력의 악용 / 알랑거림 / 권위에 집착함 / 부정 / 완고함 / 융통성이 없음

소드 [정방향]

1		고난에 맞서는 힘 / 굳센 의지력 / 강한 결단력 / 연애에서의 승리 / 탄생
2		흐름에 맡김 / 판단을 나중으로 미룸 / 교착 상태 / 우유부단 / 딜레마 / 임시방편
3		슬픔 / 이별 / 실연 / 이혼 / 오래된 것을 떼어냄 / 외과 수술 / 상실 / 실망
4		일단 휴식 / 충전 기간 / 일시적인 휴전 / 명상 / 영업 정지 / 파업 / 고독 / 회복
5		복수 / 질투와 악의 / 주변 시선에 아랑곳하지 않음 / 대충하는 태도 / 장례식 / 폭력 / 구조조정 / 오명
6		도피 / 사물을 보는 방식이 바뀜 / 곤란에서 탈출 / 여행 / 이사 / 이직 / 이동하는 시기 / 출발
7		배신 / 자멸 / 도난 / 쉽게 사람을 믿지 않도록 / 유혹 / 흥정 / 천박한 언동
8		얽힘 / 다른 사람의 의견에 휘둘림 / 속박 / 주장을 할 수 없음 / 활동 휴지 / 제한
9		슬픔과 실망 / 정신적인 고통 / 걱정 / 불면 / 욕을 먹음 / 너무 고민되어 혼란스러움
10		최악의 상태 / 자업자득 / 계획의 좌절 / 무거운 짐을 짊어짐 / 상처받음 / 병
페이지		조심성 많은 행동 / 인스피레이션이 분명함 / 깊이 관여하는 것은 금물 / 아군이 되면 든든함
나이트		의욕 가득 / 건강 상태 양호 / 장애를 이기고 돌진함 / 용감함 / 집중력 / 일 처리가 능숙
퀸		개성이 강함 / 강한 감수성의 소유자 / 조용함 / 교육적인 배려 / 의지의 강함 / 통찰력
킹		지배욕이 있는 남성 / 리더십 / 생각을 분명히 말함 / 사랑을 이룸 / 억지가 셈

소드 [역방향]

1		두려움 / 불안 / 나약함 / 부담감에 고민함 / 두려움에서 오는 공격 / 협박 / 오산 / 좌절
2		상황에 떠밀리듯 결정함 / 충분한 논의를 거치지 않은 실행의 오산 / 지레짐작하여 실패함
3		예상한 슬픔 / 고통이 적게 끝남 / 회복의 시작 / 작은 수술 / 혼돈 / 곤혹
4		휴식은 끝남 / 행동으로 옮김 / 문제의 해결책이 보임 / 다시 전장으로 돌아감
5		뺏고 뺏김 / 희생됨 / 가는 길에 폭풍우 / 관계 회복의 필요성
6		운이 꽉 막힘 / 꼼짝 못 함 / 방향 전환의 필요성 / 계획의 변경
7		치사함 / 본심 / 반성을 촉구함 / 비판을 받음 / 사태의 악화
8		속박에서 해방 / 다른 사람에게 간섭받지 않게 됨 / 자유 / 자기 의견이 분명해 짐
9		고뇌를 극복하고 굳건하게 살기 시작함 / 힘들어도 믿을 수 있음 / 해결함
10		패자부활전 / 이제 떠오르기만 하면 됨 / 한 줄기의 빛 / 재도전
페이지		돌발적인 사건이 있음 / 준비 부족으로 실패 / 마음이 불안정해짐 / 무계획 / 무책임 / 무관심
나이트		자만으로 인한 실패 / 뻔뻔한 사람 / 문제가 끊이지 않음 / 충동구매에 주의 / 성급함
퀸		마음이 좁음 / 다른 사람을 공포에 떨게 함 / 비상식 / 복수하려고 함 / 불안정 / 편견 / 비판적
킹		난폭하고 신뢰할 수 없음 / 억지로 강요받음 / 가까이하지 않는 것이 이득 / 사랑의 이별 / 계약 위반

컵 [정방향]

1		연애의 시작 / 순수한 애정 / 공동사업의 시작 / 환희 / 감수성 / 아름다움 / 수용
2		연애 초반은 순조로움 / 양호한 인간관계 / 공감 / 협조 / 유대 / 양육 / 결혼
3		팀워크가 좋음 / 화기애애 / 축복받은 결혼 / 단체행동 / 연대감
4		멈춰서서 생각하고 있음 / 현재 상태에 대한 불만 / 지금은 생각할 때 / 명상 / 지긋지긋한 기분
5		낙담 / 실망 / 후회 / 잃어도 얻을 것은 있음 / 조직 분열 / 상실감
6		아름다운 과거 / 유년 시절 / 동창회 / 행복한 추억 / 가족 이벤트 / 아이들
7		우유부단 / 다른 쪽에 눈길이 감 / 꿈을 꾸는 듯한 기분 / 유혹 / 망상 / 낙관적인 전망 / 어떤 선택지도 현실적이지 않음
8		흥미를 잃음 / 현재 상황을 방치함 / 힘의 교대 / 중요한 것이 바뀜 / 새로운 여정의 시작
9		대만족 / 원하던 바를 달성 / 육체적인 건강 / 쾌락 / 서프라이즈 / 충족감 / 권리의 계승
10		성취 / 행복한 가정 / 안정된 가정생활 / 스스로 주위를 행복하게 함 / 충족감 / 보증
페이지		자발적인 태도 / 조심성이 호감을 일으킴 / 사랑의 꽃이 조용히 핌 / 만인에게 사랑받음
나이트		서로 이야기한다면 해결 / 희망은 한참 후에 이루어짐 / 좋은 경쟁자의 출현 / 친절함과 용맹함
퀸		정직함이 행운을 불러옴 / 선량한 여성의 도움 / 착실한 성공 / 모성 / 평온함 / 예술
킹		신뢰도가 높음 / 좋은 상담 상대 / 공부는 진전이 있음 / 사랑의 예감 / 온후함 / 도량이 깊음

컵〔역방향〕

1	기분을 솔직하게 표현할 수 없음 / 제멋대로인 애정 / 연애의 시작은 실패함 / 식어버린 애정
2	한쪽만 주장함 / 다툼 / 절교 / 오해 / 파탄 / 일방통행 / 문제 상황 / 약속을 깸
3	지나치게 풍족해서 못 쓰게 됨 / 삼각관계 / 파혼 / 팀워크가 나쁨 / 흐지부지됨
4	생각할 때는 이미 끝 / 행동으로 옮길 때 / 결론이 나서 행동으로 드러남 / 개척 / 이직 / 신사업
5	희망 / 손실은 적음 / 후회 없이 끝남 / 굴레 / 복귀 / 재개 / 옛정을 돈독히 함
6	과거에 대한 집착 / 집착을 버릴 수 없음 / 원하지 않는 재회 / 가족 간의 문제 / 배은망덕
7	결의가 섬 / 결단이 실현되어 감 / 안개가 걷힘 / 현명한 판단 / 평상심을 되찾음
8	기쁨 / 축제 / 파티 / 새로운 사람과의 관계 / 좋지 않은 시기가 끝남 / 일단락
9	오만 / 고생을 모름 / 폭거 / 노력 부족 / 마무리가 허술함 / 방심
10	불만족 / 성취가 없음 / 미완성 / 우정을 잃음 / 나약함 / 응석 / 지역사회와의 문제
페이지	끙끙 고민하다 손해 봄 / 엄마에 대한 애정 / 기다리면 행운이 옴 / 주의 산만
나이트	못된 꾀를 부림 / 싫어하는 사람에게 속음 / 사랑은 가시밭길 / 주위에 휩쓸리기 쉬움
퀸	괴롭힘당함 / 싫어하는 여성 / 고자질에 주의 / 의욕을 잃음 / 애정은 점점 희미해짐
킹	불공평한 일을 하는 사람 / 애정이 무너질 가능성이 있음 / 신뢰할 수 없음 / 불성실

암기할 필요 없는 타로

1판 1쇄 발행 2023년 12월 15일
1판 2쇄 발행 2024년 12월 10일

지은이   미미코
옮긴이   김수정
펴낸이   김기옥

실용본부장   박재성
마케터   서지운
지원   고광현, 김형식

제본   푸른나무디자인
인쇄 · 제본   민언프린텍

펴낸곳   한스미디어(한즈미디어(주))
주소   121-839 서울시 마포구 양화로 11길 13(서교동, 강원빌딩 5층)
전화   02-707-0337
팩스   02-707-0198
홈페이지   www.hansmedia.com
출판신고번호 제 313-2003-227호
신고일자   2003년 6월 25일

ISBN   979-11-6007-986-9 (13180)

책값은 뒤표지에 있습니다.
잘못 만들어진 책은 구입하신 서점에서 교환해 드립니다.